大数据竞争生态：
垄断规制研究

曾彩霞 著

·上海·

内 容 简 介

本书分析了我国面临的诸如大数据驱动型经营者集中、封锁大数据准入、价格歧视等方面的问题,以及数据垄断对个人隐私、产业竞争生态和国家安全带来的潜在风险。这些问题对我国现行相关法律制度提出了挑战,笔者提出在借鉴欧美国家的成功经验以及吸取其不足教训的基础上,我国应采取事前预防和事后救济相结合的制度安排,积极构建多部门法协同的法律框架,以促进数据准入为切入点,对大数据垄断进行有效规制。本书可供对于数据垄断主题感兴趣的读者、高等院校师生以及相关法律工作者阅读。

图书在版编目(CIP)数据

大数据竞争生态:垄断规制研究 / 曾彩霞著.
上海:同济大学出版社,2024.7. -- ISBN 978-7-5765-1219-9
Ⅰ. D922.294.4
中国国家版本馆 CIP 数据核字第 2024YW4657 号

大数据竞争生态:垄断规制研究
曾彩霞 著

出 品 人　金英伟　责任编辑　熊磊丽　责任校对　徐春莲　封面设计　张　微

出版发行	同济大学出版社　www.tongjipress.com.cn
	(地址:上海市四平路1239号　邮编:200092　电话:021-65985622)
经　　销	全国各地新华书店、网络书店
排版制作	南京展望文化发展有限公司
印　　刷	上海颛辉印刷厂有限公司
开　　本	710 mm×1000 mm　1/16
印　　张	13
字　　数	162 000
版　　次	2024年7月第1版
印　　次	2024年7月第1次印刷
书　　号	ISBN 978-7-5765-1219-9
定　　价	58.00元

本书若有印装质量问题,请向本社发行部调换　　版权所有　侵权必究

PREFACE 序言

数据作为除资本、土地、劳动力和技术之外的又一重要生产要素,带来强大的规模效应、提高了生产效率,极大地推动数字经济的发展。数字市场具有明显的规模经济、网络外部性等特征,容易形成寡头或者双寡头垄断的市场结构,新进入者面临极高的市场准入门槛。目前,以数据为驱动的搜索引擎、电商平台以及社交网络服务市场已形成高度垄断的局面。

鉴于数据的战略性地位,全球各主要经济体纷纷制定相关政策释放数据要素价值,希望提振数据赋能经济发展和社会治理的效能,抢占数据治理的制度高地,为本国或地区获得全球数字市场领导地位提供制度支撑。欧盟率先就数据保护、数据垄断和数据共享制定了一系列法律规范,对全球数据治理规则产生了重要的影响。美国在全球数字市场获得了事实上的垄断地位,尽管在数据治理规则制定方面相对滞后,也于2021年6月以草案形式公布了五部法案规制平台垄断,以促进数据流动。

我国对数据竞争给予了高度关切。2020年12月中央经济工作会议提出"要强化反垄断和防止资本无序扩张",2021年2月《国务院反垄断委员会关于平台经济领域的反垄断指南》颁布。2022年12月发布的《中共中央、国务院关于构建数据基础制度更好发挥数据要素作用的意见》明确规定,要合理降低市场主体获取数据的门槛,增强数据要素共享性,强化反垄断和反不正当竞争等。为了更好地统筹数据资源整合共享和开发利用,我国组建了国家数据局,推进数据基础制度建设。鉴于此,面对数字市场带来的新挑战,关注跟踪大数据垄断问题并提出相应的规制路径,对我国在技术层面和规范层面取得领先地位,具有非常重要的价值。

本书以数字经济发展为背景,基于数据准入的视角,着重分析了大数据垄断的行为类型,并根据大数据垄断行为的特征和消极效应,提出了事前预防和事后救济相结合的规制路径。书中综合运用多种研究方法,结合司法审判案例,在大数据垄断的概念界定、大数据垄断行为类型分析以及规制制度构建与完善方面进行了深入研究:第一,对国内外现有文献中关于大数据垄断是否存在、是否需要规制以及如何规制的争议进行了梳理,指出争议的内在原因是基于不同视角界定大数据垄断,提出从市场力而非独占的视角来界定大数据垄断,更符合大数据应用和数字经济发展的内在需求。第二,针对大数据垄断行为,着重分析了大数据驱动型经营者集中行为、大数据封锁行为、大数据驱动型价格歧视行为。第三,提出了基于事前预防和事后救济相结合的规制路径。

本书贴近当下数字经济建设的新发展格局以及我国数字化转型目标的需求,将助力中国数字经济发展和数字化转型。尽管本书初稿形成于2020年,但在当下仍能够契合我国数据驱动经济发展和社会转型、建设数据基础制度所面临的现实问题。曾彩霞博士发表的相关研究成果的学术论文获得了较高的引用率,所提交的相关决策咨询报告受到上海市政府相关部门的肯定。作为其攻读博士学位的指导教师,我希望并相信曾彩霞博士能够继续将理论与实际紧密结合开展研究,为我国的数据治理作出新的更积极的贡献。

朱雪忠

同济大学衷和楼

2023 年 12 月

FOREWORD 前言

数据作为关键生产要素和战略性资源,获得了全新的重视。在数字市场中,具有"双边市场"特征的数据驱动型企业发挥着重要的市场作用。它们一边通过向消费者提供免费服务获取大量数据,一边通过向广告商出售消费者数据而营利。双边市场存在交互性,为在位企业带来了极强的网络效应、范围经济和规模经济。较早进入市场的企业在向消费者免费提供服务的过程中,积累了大量的消费者数据,并将这些数据用于精准广告投放、大数据技术提升,以及数据收集和使用,从而巩固和加强其市场支配地位。由于数据再利用的边际成本较低,经销成本也几乎为零,这些特征的结合使得数据独占具有现实的可能。获得市场支配地位的企业利用数据、资本和技术优势进入其他相关市场或产业,不断扩大其业务版图,最终形成"巨无霸"企业,严重破坏数字市场的竞争生态。

为了巩固和强化市场支配地位,在位企业有较强的动力实施垄断行为。在这种背景下,大数据驱动型市场面临着一个困境:一方面新企业没能力收集到数据,另一方面控制数据的企业没有动力许可数据。实践表明,数据垄断行为呈现了新的鲜明特征,对并购事先申报制度、相关市场界定、传统损害理论等都带来了极大的挑战。大量文献提出,数据垄断规制的路径选择将对数据流通产生直接作用,并影响数字经济发展的可持续性。和传统数据集相比,数字经济下的数据具有体量大、实时性、非结构化等新的特征,这些新的特征引发了新的问题和挑战。为了体现这种新特征,本书采用"大数据垄断"的概念,以区别于传统数据集。在梳理前人研究的基础上,本书对大数据垄断的概念进行了界定,着重分析了大数据垄断者实施的三种垄断行为,并根据三种垄断行为的特征提出相应的规制路径和制度完善建议。相关研究成果在学术期刊已发表,并且具有较高被引率。具体可分为四部分。

第一部分,基于不同视角厘定大数据垄断的概念。笔者认为,结合大数据固有属性和数字市场的结构特征,企业可以通过占有大数据在不同相关市场获得极强的斯蒂格勒市场力、贝恩市场力,尤其是在大数据产品市场中,大数据占有者往往既是卖方垄断者又是买方垄断者,对市场竞争生态的影响不容小觑。尽管大数据具有非竞争性,从理论上在位企业不能独占大数据,但若从独占的视角界定大数据垄断不但不能进行有效规制,还会加强并固化大数据垄断。在此基础上,笔者提出应从市场力的视角,将大数据垄断界定为"企业基于大数据实施价格控制和限制、排除竞争的市场力"。

第二部分,在概念厘定的基础上,对大数据垄断者实施的反竞争行为展开了深入的研究。笔者认为,受利益最大化驱动,在位企业有较大动力利用大数据竞争优势实施限制、排除市场竞争和损害消费者行为。其中,以大数据驱动的经营者集中、封锁大数据准入、大数据驱动型价格歧视等几种行为尤为突出,且呈现了新的特征,损害了创新、市场竞争和消费者福利,同时也对现行的相关法律制度提出了新的挑战。本书采用案例和比较分析法,对欧美相关法律政策和司法审判实践展开分析,提出在借鉴欧美国家先进经验、吸取不足教训的基础上,我国应采取事前预防和事后救济相结合的制度安排,构建多部门法协同的法律框架,以促进数据准入为切入点,对大数据垄断进行有效规制。

第三部分，提出基于事前预防的大数据垄断规制路径。大数据驱动型并购已经成为垄断者的主要市场战略手段。由于被兼并的企业大多是初创企业，营业额未达到并购事先申报的要求，如果沿用现行的事先申报制度中的营业额标准，不能对该类型的并购进行有效规制，应对现行制度做相应的修改。本书提出，应在经营者集中事先申报制度中，将现行的"营业额标准"改为"营业额和交易额"相结合的标准，并将并购无营业额企业的行为纳入经营者集中规制的范畴。同时，还应承认消费者以个人数据为对价换取"免费服务"的行为具有"经济性"，将大数据市场界定为独立的相关市场，并对用户服务市场的竞争效应进行整体评估。

第四部分，提出基于事后救济的大数据垄断规制路径，包括创设数据可携权、适用必要设施原则以及建立大数据强制许可制度。数据可携性是解决数据准入障碍和促进数据共享的核心要素。笔者认为，欧盟在数据可携权制度安排中存在数据种类模糊、权利主体有限以及平台互操作性弱等问题，在规制大数据垄断方面所发挥的作用有限。我国在数据可携权制度安排时应对数据进行分类，赋予企业附条件的有限可携权，以及强制数据存储的互操作性，并尽快将数据格式标准化以提高平台兼容性。同时，在特殊场景下，应适用必要设施原则规制大数据垄断，建立大数据强制许可制度，强制要求大数据垄断者许可数据。

曾彩霞

2023 年 12 月

CONTENTS 目录

序言

前言

第1章 绪论 …………………………………………………… 1
  1.1 研究背景 …………………………………………………… 1
  1.2 国内外研究现状及评述 …………………………………… 4
    1.2.1 大数据垄断概念及历史沿革 ……………………… 4
    1.2.2 大数据垄断与竞争效应 …………………………… 6
    1.2.3 大数据垄断与数据主体 …………………………… 8
    1.2.4 大数据垄断规制现有理论及争议 ………………… 9
  1.3 研究目标、意义和创新点 ………………………………… 16
    1.3.1 研究目标 …………………………………………… 16
    1.3.2 研究意义 …………………………………………… 16
    1.3.3 研究创新点 ………………………………………… 17
  1.4 研究方法 …………………………………………………… 18
    1.4.1 法经济学研究方法 ………………………………… 18
    1.4.2 案例分析法 ………………………………………… 19
    1.4.3 比较分析法 ………………………………………… 19

1.5 结构安排 …… 19
1.6 本章小结 …… 21

第2章 大数据垄断的概念界定 …… 23
2.1 厘定大数据垄断概念的必要性 …… 23
    2.1.1 大数据的概念界定 …… 25
    2.1.2 大数据与反垄断的关联性存在争议 …… 27
    2.1.3 争议根源在于概念界定的模糊性 …… 30
2.2 基于独占视角界定大数据垄断 …… 31
    2.2.1 基于独占视角界定的理论基础 …… 31
    2.2.2 基于独占视角界定的弊端 …… 35
2.3 基于市场力视角界定大数据垄断 …… 37
    2.3.1 基于市场力视角界定的理论基础 …… 38
    2.3.2 基于市场力界定的合理性 …… 47
2.4 概念界定的应然选择 …… 49

第3章 大数据垄断的行为类型 …… 50
3.1 大数据驱动型经营者集中 …… 52
    3.1.1 大数据驱动型经营者集中的特点 …… 52
    3.1.2 大数据驱动型经营者集中的效应 …… 60
3.2 封锁大数据准入 …… 63
    3.2.1 封锁大数据准入的主要类型 …… 64
    3.2.2 封锁大数据准入的动机 …… 67
    3.2.3 封锁大数据准入的效应 …… 70
3.3 大数据驱动型价格歧视 …… 74
    3.3.1 大数据垄断者具有实施完全价格歧视的条件 …… 74

3.3.2　大数据垄断者实施价格歧视的类型 …………… 77
　　3.3.3　大数据垄断者实施价格歧视的效应 …………… 79

第4章　基于事前预防的大数据垄断规制 …………… 88
4.1　加强事前预防和完善相关规则的必要性 …………… 88
4.2　大数据驱动型经营者集中的事先申报制度重构 …………… 90
　　4.2.1　经营者集中事先申报的不同标准及利弊 …………… 91
　　4.2.2　大数据驱动型经营者集中对事先申报制度的挑战 …………… 93
　　4.2.3　对大数据驱动型经营者集中的应对 …………… 95
4.3　完善大数据驱动型经营者集中的相关市场界定 …………… 100
　　4.3.1　传统相关市场界定 …………… 102
　　4.3.2　大数据垄断对传统相关市场界定的挑战 …………… 109
　　4.3.3　相关市场界定的新思路 …………… 113

第5章　基于事后救济的大数据垄断规制 …………… 119
5.1　丰富事后规则的必要性 …………… 119
5.2　数据可携权的创设 …………… 120
　　5.2.1　数据准入障碍类型 …………… 122
　　5.2.2　欧盟数据可携权制度的竞争规则 …………… 127
　　5.2.3　我国数据可携权的制度设计 …………… 135
5.3　必要设施原则的适用 …………… 139
　　5.3.1　必要设施原则的传统理论及争议 …………… 139
　　5.3.2　必要设施原则的适用合理性 …………… 143
　　5.3.3　必要设施原则的适用条件 …………… 150
5.4　大数据强制许可制度构建 …………… 155
　　5.4.1　构建大数据强制许可制度的合理性分析 …………… 157

    5.4.2 大数据强制许可的基本原则 …………………… 162

    5.4.3 大数据强制许可的监管机制 …………………… 168

第6章 结论与展望 ……………………………………… 171

  6.1 研究结论 …………………………………………… 171

  6.2 展望 ………………………………………………… 175

参考文献 ………………………………………………… 177

后记 ……………………………………………………… 192

第 1 章
绪　论

1.1　研究背景

自阿尔文·托夫勒(Alvin Toffler)在其《第三次浪潮》(*The Third Wave*)中首次提出大数据[①]概念之后,大数据是除资本、土地和劳动力之外的又一重要资源已成为共识。全球各主要经济体纷纷出台相关政策、法规促进大数据经济的发展。欧盟率先围绕数据密集出台了一系列法规和政策,试图振兴欧盟数字经济,包括《通用数据保护条例》(*General Data Protection Regulation*)、《数字市场法案》(*Digital Markets Act*)、《数字服务法》(*Digital Services Act*)、《数据法案》(*Data Act*)等。美国则在全球数据市场中占据领导地位,是全球最大的数据流入国。美国 2018 年颁布了《云法案》(*CLOUD Act*),旨在强化美国在全球数字经济中的龙头地位。为了巩固和强化全球数据市场的领导地位,美国于 2021 年 6 月公布了五部仍以草案形式存在的法案来规制平台垄断,以维护数字经济的健

---

① 本书中有些地方依然沿用"数据"的表述,如"数据要素""数据经济""数据准入""数据可携权"等,是为了与惯用和官方表述,以及引文中原作者的表述保持一致,以免产生歧义。

康竞争生态,促进数据流动。我国也相继颁发了一系列与大数据相关的政策,早在《中华人民共和国国民经济和社会发展第十三个五年规划纲要》中就明确提出了实施国家大数据战略,将大数据作为基础性战略资源,推动和助力大数据的开发利用。2022年12月,《中共中央、国务院关于构建数据基础制度更好发挥数据要素作用的意见》发布,提出数据基础制度建设事关国家发展和安全大局。2023年我国组建了国家数据局,负责协调推进数据基础制度建设。

鉴于大数据的战略性地位,企业间以及国家间对大数据的争夺也愈加激烈。2017年接二连三发生的数据争夺案(菜鸟和顺丰数据争夺案、华为和腾讯数据争夺案、Linkedin和hiQ数据争夺案),引发了国内各界对大数据竞争相关话题的激烈讨论。大数据争夺案频发是因为大数据可以为企业带来强大的市场竞争优势,而大数据驱动型市场容易形成高度集中。事实上,无论是在行业还是国家都已经出现了高度集中的现象,且呈现不断加剧的趋势。从行业来看,大数据垄断主要集中在具有双边平台特征的互联网行业,如社交网络平台、搜索引擎和电商平台,而且这三类平台企业都出现了市场垄断寡头。从国家来看,美国为大数据垄断的主要国家。

除了大数据驱动型市场的结构特征,大数据的固有特征也容易催生垄断,新企业很难通过传统创新驱动的商业模式与在位企业展开有效竞争。由于发现大数据与产品或服务的相关性,可以创建新的需求市场或供应市场,具有大数据竞争优势的企业可以进入其他产业,例如Google进军智能汽车就是一个典型案例。在位企业利用大数据竞争优势可以将垄断力跨界传递到其他相关市场,垄断地位从"点"升级到"链",甚至到"面",将竞争格局从个体间的竞争改变为产业链之间甚至是生态圈之间的竞争。在大数据收集和开发方面处于劣势的企业将在竞争中无立足之处。大数据的时代性特征构成了新的市场竞争生态。

鉴于大数据准入已成为企业进入市场的关键壁垒，垄断者会尽力试图对新企业实施大数据准入封锁以排除、限制竞争。垄断者利用大数据对市场潜在竞争对手及行业发展动态进行预测，将潜在竞争对手要么并购，要么扼杀在摇篮中。另外，为了巩固和加强在现有和相邻市场的支配地位，垄断者会尽力通过各种手段排除竞争对手准入大数据，甚至有时候动用国家力量来封锁竞争者准入大数据。从某种意义上来说，2020年美国总统特朗普以数据安全为由强制要求TikTok出售业务，本质上是以保护用户数据为由限制竞争者准入大数据，以巩固和强化美国企业在数字市场的垄断地位。当在位企业获得垄断地位之后，更容易利用绝对市场支配地位侵害消费者利益，比如降低隐私保护，肆无忌惮收集和交易个人数据、对数据主体实施价格歧视以及降低服务或产品质量。在此市场生态下，消费者出于个人数据的保护，会降低提供数据的意愿，从而导致数字经济的建设缺少"原料"，并最终阻碍数字经济的发展。因此，培育健康的数据市场生态，促进数据准入是实现我国数字经济发展的重要路径。

关于大数据垄断以及竞争效应的分析，无论是司法实践还是学理研究，我国都晚于欧美国家。大数据寡头和大数据垄断概念在我国开始逐渐引起重视是在2017年国内外接二连三的数据争夺案之后。就我国司法实践和理论研究来看，对大数据竞争问题的关注和判例一开始主要集中在通过反不正当竞争法而不是通过反垄断法进行规制。这是因为我国互联网及数字经济发展在过去20多年处于初期及蓬勃发展阶段，大数据集中所带来的规模效应促进了企业的创新和数字经济的发展，负面效应不突出。但是我国拥有全球第二大互联网市场，随着互联网企业全球化发展，产业互联网和互联网跨界融合进一步加速发展，新企业进入市场面临国际和国内高度垄断的市场环境，打通数据准入路径对新企业市场进入重要性日益凸显，相应的制度安排和法制基础还有待夯实。因此，基于我国数字经济发展的现实需求以及大数据高度垄断的现状,对大数据垄断展开研究具有重要的现实意义。

1.2 国内外研究现状及评述

随着互联网和人工智能技术的不断发展,大数据对市场竞争的影响逐渐引起各国实务界和学界的关注,极大地推动了"大数据竞争"的相关研究。和传统数据相比,大数据具有典型的4V特征,即量大、高速、多样性和低价值密度(Volume, Velocity, Variety, Value)。其中,大数据的高速实时性和无结构化特征,以及大数据和算法技术的交互机制所产生的信息预测功能,对解决传统数据竞争问题的相关法律法规提出了挑战。那么,是在现有的法律框架下予以解决还是调整现行的法律规定,抑或是构建新的法律框架来解决大数据竞争问题,理论界和实务界对此展开了激烈的争论。争论的焦点主要集中在两个方面:大数据垄断规制的必要性和大数据垄断规制的路径。其中,大数据垄断规制的必要性分析又主要集中在大数据对市场竞争、市场准入、消费者福利效应的探讨。大数据垄断规制的路径主要集中于是否通过反垄断法、消费者权益保护法、知识产权法或数据保护法等单一部门法规制,还是各部门法协同规制。

1.2.1 大数据垄断概念及历史沿革

在2007年Google与DoubleClick公司合并案中,美国联邦贸易委员会(FTC)委员Pamela Jones Harbour首次提出"大数据市场"的概念。Harbour认为Google与DoubleClick的合并是两家公司产品和服务以及用户数据的合并,尤其合并后Google能够垄断大数据,应特别审查大数据合并对竞争者及用户的影响,并建议在未来类似案例中界定一个推定的由大数据组成的相关产品市场。Harbour之所以反对Google和DoubleClick合并是基于对未来市场的发展方向以及Google在合并后发生的市场角色做的不同预测[1]。之后,大数据集中以及大数据竞争逐渐引起欧美学者的关注,并展开了比较丰富的研究。

"数据寡头"借用了传统工业经济的"寡头"概念,寡头是指寡占市场的参与者。在某一相关市场中,如果只有少数几家甚至一家企业,那么这些企业就可以称为寡头。根据维基百科,数据垄断最早是针对政府的,与数据民主相对应。进入21世纪以后,美国、英国等国家先后掀起了数据民主化的运动,要求政府机构共享数据。但是对大数据垄断的概念,并未达成共识,主要有如下几种观点。

杨建辉指出,数据垄断的界定可以从以下五个角度展开:① 从数据占有角度出发,指对大数据的独占。② 从数据流动的角度出发,指不共享数据,数据无法流动。③ 从个人信息保护的角度出发,是指对个人信息数据的控制。具体而言,是指企业收集或者共享个人信息时,不履行告知义务并获得个人同意,个人信息被控制和被垄断了。④ 从数据收益角度,是指对数据收益的独占。⑤从与政府共享数据的角度来说,是指向政府部门报送数据不充分[2]。

曾彩霞、尤建新认为,大数据垄断是指作为企业"基础设施"的大数据集中在少数企业手中,这些数据寡头可以控制数据,并对数据主体施加影响。根据开发时间先后,作为"基础设施"的大数据建设和利用可以分为收集、存储、分析和使用四个阶段。大数据垄断往往始于收集阶段,并在存储和分析阶段得到强化,从而最终导致使用阶段的垄断[3]。

邹开亮等认为,从数据占有主体的角度,数据垄断可以划分为政府部门实施的垄断行为和市场主体实施的垄断行为两类,并认为垄断的制度归因主要有三方面:① 针对大数据垄断的相关立法缺失;② 针对大数据垄断行为的执法力度薄弱;③ 对大数据垄断者的责任追究机制缺失[4]。

1.2.2 大数据垄断与竞争效应

现有文献对大数据垄断的竞争效应存在较大的争议,主要基于大数据的固有特征和大数据驱动型市场结构特征展开。

1. 大数据垄断与市场支配地位

(1) 基于大数据固有特征

现有文献对大数据固有特征的描述主要有如下四点:① 大数据具有非竞争性,难以被独占[5],价值日益减少[6],且容易收集,成本低[7],因此,即便存在数据寡头,也不影响其他企业对数据的准入。② 大数据不是稀缺产品,较容易获得,所以其他新进市场的企业也可以获得数据[7]。③ 大数据所蕴含的价值寿命较短。数据所提供的竞争优势随着数据价值逐渐递减,数据寡头难以长时间占据市场垄断地位[8]。④ 不同的平台所需的大数据不同。数字经济的竞争特点之一是以平台为竞争媒介,不同的平台所需的核心数据差距较大,所以一个平台的关键数据未必是其他平台的关键数据,因此享有垄断地位的企业对其他企业不会产生排出效应[9]。

(2) 基于大数据驱动型市场结构特征

Grunes 指出大数据驱动型市场具有"双边市场"特征和网络效应,容易形成规模经济和范围经济,对市场竞争会产生影响。得益于互联网的发展,源于线上活动所留痕迹的大数据主要集中在如 Google、Facebook、Amazon 等具有"媒介"特征的互联网企业。这些企业的典型特点是具有双边市场特性,即它们一边向消费者提供"免费"服务获得了大量的用户数据,一边向广告商提供数据以获得盈利,两边市场相互影响[10]。经合组织(OECD)指出,目前大数据主要集中在具有双边市场特征的互联网公司,在搜索引擎、社交平台和电子商务中都存在市场份额高度集中的情况。大数据的经济特性所带来的一个风险就是有利于市场集中和支配地位的形成,大数据驱动的市场会导致胜者通吃的结果,而市场成功的一个结果就是集中率高[11]。Rosch 指出,互联网公司之所以能在服务市场和广告市场占有垄断地位,全部或者部分得益于其所占有的用户数据,只是它们不肯承认这一点[12]。Jullien 指出,由于以数据为驱动的互联网公司大部分成本都是用于大数据开发和维护,大量的广告收入为互联网企业提供了充足的资金,可以不断提升数据开发能力,进一步获得巩固市场支配地位的机会[13]。Manyika 等指出,公司通过大数据的优势战胜竞争对手,在大数据收集和开发方面处于劣势的企业将在竞争中无立足之处。大数据将成为各行业间竞争的决定因素之一[14]。

Rubinfeld 等认为,Google 推出的免费 Gmail 为其提供了比较优势,其在进入市场时借助了原来 Gmail 所获得相关数据。由此可见,Google 在扩大数据收集规模时部分或者间接得益于过去在该市场所收集到的数据[15]。Feinstein 认为,由于数据可以提高对市场情况的认知,而这种关联性是由数据驱动的,并非通过理论分析可以获得,且即便可以通过中介获得或者准入数据,也不意味着可以有效使用数据[16]。Brown 等指出,那些已经占有大量数据并能实时准入数据、利用工具和算法分析数据的企业掌握了竞争优势,数据的价值可以从企业对数据收集分析技术的投资、阻止用户共享数据以及数据争夺战反映出来。实际上,数据不仅能为企业和个人带来竞争优势,还能为国家带来竞争优势[17]。

2. 大数据垄断与市场准入障碍

第一种是以 Sokol 和 Tucker 为代表的学者,认为大数据不会限制或排除市场竞争。Sokol 认为,大数据驱动的市场典型特点是大数据准入门槛低,所以即便存在大数据垄断市场,也不会影响其他新企业进入数据市场[18]。Lambrecht 和 Lerner 认为,数据使用具有非竞争性,企业在收集数据时不能阻止他人收集相同的数据,即便存在数据寡头,也不影响其他企业对数据的准入[5][19]。Tucker 则认为,数据不是稀缺产品,成本低,较容易获得,所以其他新企业也可以获得数据[7]。

第二种是以 Newman 和 Stucke 为代表的学者,认为大数据很容易导致市场集中,并对市场准入产生障碍。Haucap 等指出,虽然产品的多样性和多栖性(Multi-Homing)会降低市场集中程度,但是这些企业的规模是建立在对用户网络行为认知基础之上,新的市场准入者即便拥有数据分析的能力,由于没有获得大量用户数据信息,仍很难提供有针对性、相关性高的信息;所以,用户很难转向新准入市场的企业和产品[20]。大数据驱动的互联网市场准入门槛也无特殊性,即便准入门槛低,也会因为网络效应逐渐提高。所以,较传统产业,大数据驱动的互联网市场准入障碍并非如 Lerner 等所言很低[21]。Grunes 等和 Newman 指出,数据准入障碍会产生竞争效应,拥有数据优势的企业会实施排他行为并设置准入障碍以巩固和加强市场竞争优势。另外,企业为了保持竞争优势会采取数据驱动战略,限制竞争者进入数据,不与他人分享数据,反对数据迁移政策,从而提高新企业的市场准入难度[22][23]。美国 Stigler 中心指出,有研究发现风投公司不愿意投资大数据驱动的产业,因为新企业难以进入市场[24]。

1.2.3 大数据垄断与数据主体

1. 大数据垄断与消费者隐私

Harbour 等认为,当大数据控制者获得市场支配地位之后,会降低对数据主体隐私的保护,而数据主体也只能被迫放弃自己的隐私保护,失去了和企业"讨价还价"的筹码。大数据垄断者可以较低的成本获得数据主体的数据,同时以较高价格出售给广告商以获得高额利润。如市场存在有效竞争,消费者可以在数据产生的价值中获得更大的利益,而不是只能被动接受与数据相关的条款[25]。Rubinstein 指出,在隐私保护和大数据发展之间找到平衡是当今公共政策面临的最大挑战之一[26]。

2. 大数据垄断与价格歧视

Newman 认为,大数据垄断会破坏线上广告市场竞争,大数据垄断者向广告商收取较高费用并最终转嫁到消费者身上;以数据为驱动的互联网企业通过分析这些数据可以获得用户的价格偏好,对同等商品的心理价位,以及对某一产品或者品牌的忠诚度等信息,并将这些数据信息卖给广告商。广告商根据这些信息,就可以对消费者实施价格差异策略[23]。Devries 等指出,在现实中很多卖家已经使用用户信息向不同的消费者收取不同价款,甚至收取更高价格的对象不是收入高而是收入低的消费者。电商价格歧视的主要原因不是用户所在地的人口密度、收入水平、实体店的距离、种族特征等,而是与竞争对手的距离[27]。Danna 等指出,虽然传统市场也存在价格歧视,但是互联网加剧了价格歧视问题[28]。

3. 大数据垄断与产品质量

部分学者认为,企业通过对用户数据的获取和分析可以为消费者提供有附加值[19]、相关性更高[29]、针对性更强[30]的信息。大数据集中可以促使企业通过数据对消费者行为有更好的了解,从而提升产品和服务质量不断完善其服务质量,对终端消费者以及整个社会都是有所助益的[29]。但 Stucke 等认为,数据准入的不平等导致用户服务质量的降低,尤其在搜索引擎领域。搜索引擎巨头有动力也有能力优先考虑付费广告商,而不是考虑为用户提供相关性程度高、质量好的搜索结果[31]。因此从某种意义上说,大数据垄断者提供的"个性化"服务对象更多是针对广告商,而非消费者[10]。

1.2.4 大数据垄断规制现有理论及争议

1. 通过保护数据主体利益间接规制大数据垄断

(1) 通过知识产权法保护及争议

有学者提出,知识产权法是大数据保护的最优选择,我国在《民法总则》二审稿时也有过将数据资产和网络虚拟财产作为一种新型的知识产权客体进行保护的思路,但受到激烈反对而未果[32]。将大数据保护纳入知识产权法体系进行保护,Mattiolit[33]提出了如下三个弊端。

第一,纳入专利法体系进行保护,通过披露数据信息换取知识产权保护。但是,专利法需要明确保护范围,而大数据因为实时性,保护范围较难确定。另外,大数据在收集过程中主观判断性较强,而专利法规定"全部都是主观判断的没有可专利性"。大数据处理的四个阶段(数据筛选、错误识别和纠正、去身份化、数据分类)一定程度上渗透了处理者的主观性,所以只有部分依赖于主观判断并有足够确定性的才可获得专利保护。另外,采用专利法保护还存在很多其他障碍。例如,大数据的实时性特点导致数据的价值寿命较短,因此即便专利法可以保护这些数据,数据所有者出于申请专利和获得专利授权时间较长的考虑也未必会选择专利法保护。

第二,采用著作权法中的汇编作品来保护大数据。著作权法主要保护的是大数据集的编排,不能保护大数据的实质内容,而大数据中最具有价值的是数据实质内容,所以著作权法很难有效遏制侵权。另外,著作权法对词语或者短句不予以保护,所以著作权法所能给予大数据的保护范围是很窄的。

第三,采用商业秘密保护法。大数据在使用过程中,数据来源和收集方式,以及数据处理和加工的方法透明度非常重要。如果不透明,数据的可信度会降低很多,所以通过商业秘密来保护大数据可能会降低数据的可信度,影响数据交易和再使用。

(2) 通过隐私权和消费者权益保护相关法规及争议

在大数据中,单个数据信息价值密度较低,大数据价值随着数据量的增长而提高,所以数据主体很难预测自己的个人信息将会被如何处理和使用。数据主体由于无法准确判断自己隐私利益将被如何应用,经常处于禁止还是允许使用的两难选择之中[34]。另外,由于大数据所包含的个人信息不限于传统隐私权之下的私人生活秘密,以及与个人所具有可识别性的信息难以归入隐私权的范畴[35],因为"凡是必须在一定范围内为社会特定人或者不特定人所周知的个人信息,都难以归入到隐私权的范畴"[36],该信息的商业价值及保护和利用的社会性[35]使得其不同于传统隐私权保护中个体层面的利益均衡,所以让处于劣势的消费者通过采取足够的技术措施防止信息泄露等显然也不现实,难以达到消费者个人信息保护与商业化运作之间的平衡[37]。

(3)通过明确数据权归属进行解决及争议

OECD指出,大数据所有权、准入权和可携权对大数据垄断规制的竞争中立性以及消费者保护还需展开探讨[11]。Mattioli提出,由于传统知识产权法保护大数据具有局限性,那么可以借鉴欧洲数据库特殊权利保护制度,以披露数据来源和收集方式为代价赋予大数据"数据权",该数据权享有有限的独占权,可以允许第三方复制和传播,但是不允许下游使用者使用数据[33]。但Drexl等提出了相反的观点,Drexl等认为,赋予大数据独占权既无法学理论基础也无经济动力。为了促进大数据对国家创新及经济发展的作用,没必要调整欧洲数据库特殊权利保护制度来赋予大数据权,同时对大数据处理过程中的计算方式也不应赋予专利等保护,相反法律法规应该确保大数据准入的畅通[38]。

另外关于数据产权问题,也存在三种不同的观点。

第一种:以用户个人优先。主张用户优先者认为,个人对数据享有优先财产权,并以此对企业的数据利用、交易行为予以制约。因为这种交易行为会对个人隐私带来极大的伤害,并产生难以预计的信息安全危害。持该观点最有名的代表人物是Lawrence Lessig。在传统法律框架下,对数据的保护主要援引隐私权或者个人信息人格权的方式,但是这种简单的立场不能满足互联网日益发展的需要,引发了改革创新的呼声,20世纪70年代美国学者Lawrence Lessig提出了数据财产化的理论。Lessig认为,要通过财产权的方式强化数据本身经济驱动功能,以打破传统法律思维之下依据单纯隐私或信息绝对化过度保护用户而限制、阻碍数据收集和流动的僵局。同时,Lessig认为财产权应该属于用户个人[32],因为用户需要花大量的成本才能发现自己信息是否被收集和使用,而数据收集者不需要支付任何成本就可以占据和使用数据。

但是,Lessig提出该理论时数据经济还处在初始阶段,数据从业者对数据经营的作用和意义还没有充分的了解。其次,根据大数据的建设和利用阶段(收集、存储、分析和使用)可以看出,数据经营者并非如Lessig所言没有花成本就可以使用数据,所以Lessig将数据财产权赋予给用户的观点,严重阻碍了大数据从业者应有的财产地位和利益诉求。

第二种:以产业优先。这种观点的主要是站在产业界的立场,认为数据的控制者,即数据的收集和处理者对数据拥有绝对的所有权[39]。但是,随着互联网的发展,企业对用户数据的掌控严重危害到个人的隐私,且由于规模经济和网络效应,数据寡头已冒尖,处于弱势的用户难以有效地保护个人信息。大数据的高度集中引发了人们对数据安全的担忧。因此,在大数据价值挖掘和数据主体利益的保护之间寻求平衡是目前学者比较关注的话题。

第三种:基于不同场景的所有权界定。认为企业只对匿名化数据享有所有权,而且是有限制的所有权[40]。

2. 通过竞争法来规制大数据垄断及争议

通过竞争法规制大数据垄断也存在较大的争议。Tucker认为,大数据在竞争方面不会产生负面影响从而无需规制[41];Lerner称企业通过向用户免费提供服务以换取用户数据,并向广告商出售数据以获得盈利是一个"将利润最大化合理的经济行为"[19]。Drexl 等认为,虽然确保数据准入是必要的,但竞争法不是系统解决数据准入问题的有效途径[38];Ohlhausen 等也认为,引入反垄断法规制大数据会减弱创新产品和服务的积极性,还有可能为试图钻法律控制的企业创造了机会[42]。Cooper 声称,关于对大数据垄断竞争影响的研究只是一股风潮,在实务界也未得到证实。另外,即便选择竞争法规制大数据垄断,也存在很多不足[43]。

(1) 相关市场界定

传统上,反垄断审查的相关市场需具有"经济性",也就是有"价格"的商业关系。基于此原理,相关市场往往被界定为有金钱交易的广告市场。Tucker 等认为,很多大数据驱动型企业都不是大数据经销商,不直接买卖大数据,所以大数据不能被界定为独立的产品相关市场,不能构成反垄断审查意义上的相关市场[44]。但 Evans 认为,在双边市场中向消费者提供"免费"服务就意味着还存在"双生"的补充产品。这两个产品的经济价值是相互交融的;利润最大化的企业如果不能够在其他地方获得利润,就不会免费提供服务或者产品[45]。Grunes 也认为,企业获得的利润就是消费者在一定程度上所放弃的个人隐私信息,正是消费者的信息数据提升了互联网公司在广告商的价值。因此,以大数据为驱动的互联网公司和用户之间也存在合同关系[10]。Leary 指出,随着大数据垄断对用户隐私和搜索结果等消费者直面的服务质量影响日益凸显,忽视反垄断审查关注的新问题,只用传统的市场界定方式已然不合适[46]。

(2) 消费者隐私是否要纳入竞争法进行审查

Schepp 等认为,隐私和数据的保护不应该纳入竞争法体系进行保护,而应通过隐私法或者数据保护相关法规来保护[9]。Harbour 等则认为,应该将隐私作为非价格因素纳入竞争法相关市场中进行审查[25]。Swire 认为,对于消费者而言隐私保护也是一种产品和服务质量,应该纳入竞争法体系进行审查[47]。美国电子隐私信息中心(EPIC)也提议,将隐私纳入企业合并案中作为竞争审查的一个因素。当大数据成为一个企业经济支配力的关键因素时,用户数据保护法、消费者保护权益法和竞争法应该相互作用[48]。

(3) 对并购审查制度的挑战

Schepp 等认为,大数据垄断对企业并购事先申报制度提出了挑战,应做相应的调整[9]。在欧盟,由于大数据驱动型并购交易中的一方营业额不高,逃避了欧盟相关法律的审查,因此有学者提出,应修改欧盟层面的并购申报标准以便更好地捕捉大数据驱动的交易[49]。但也有学者主张,大数据驱动型并购到底是促进竞争效应还是反竞争效应应该具体案例具体审查[50]。美国学者则主张修改《非横向并购指南》(Non-Horizontal Merger Guidelines)以应对大数据驱动型并购对反垄断审查带来的挑战[51]。我国学者就大数据对并购控制制度的挑战也展开了一定的研究,提出应增加互联网产业系数,并引入刑事责任、加大惩罚力度等措施来应对大数据对并购控制制度的挑战[52]。

(4) 大数据是否能够构成必要设施

学界对此存在两种不同的看法:第一种认为,当大数据垄断者对下游市场前景缺乏认知时,会先通过交易大数据将潜在的竞争对手作为市场试验石。待市场前景明晰之后,便通过拒绝大数据交易将竞争对手挤出市场。对此,如果不适用必要设施原则以强制开放大数据,那么会严重抑制下游市场的竞争和创新[53]。第二种观点认为,大数据是市场进入的关键要素并不能就此被视为必要设施,给企业带来真正价值的是大数据分析技术和设备,而非大数据本身。如果将大数据作为必要设施,在具体适用上会存在实质性的操作困难,如在强制要求垄断者许可大数据时,具体许可哪些大数据和是否要实时更新大数据都是难以解决的问题[54]。我国学者认为大数据构成必要设施必须遵循严格限定的总体思路[55]。

3. 通过其他路径规制大数据垄断

(1) 大数据强制许可的相关研究

目前,学界对大数据强制许可的研究较少,对该制度的探索主要见于欧盟的相关政策研究报告。其中,Paul Lugard 等在对比研究欧美就拒绝交易大数据的态度差异时,指出欧盟试图尝试将 FRAND (Fair, Reasonable and Non-Discriminatory)许可原则纳入大数据强制许可条款中,即可以通过合理、公平、非歧视条件将大数据许可给竞争对手[56]。欧盟在《数据未来战略报告》(*A European Strategy for Data*)中再次提出,要加强企业间的数据共享,如果存在特殊情况,应该强制性要求企业开放数据准入,但应该建立在公平、透明、合理和非歧视等条件基础上[57]。Aaron Tantleff 则从大数据的特性分析了大数据许可存在的困难。传统许可协议可能无法解决大数据许可的问题,比如知识产权许可可以通过产权保护的相关法规来约束许可后的使用情况,但是大数据产权归属不明晰,许可方的大数据财产利益如何得到保障是个问题。另外,传统数据的许可一般都是采取一对一的许可方式,且数据呈结构化特征,被许可数据的数量、后续使用、准入和操作都有明确限制。但是,大数据大多是无结构化的,被许可方经常试图通过不同的方式开发数据价值,包括使用独特的分析工具将被许可数据与其他数据相结合进行分析。还有,大数据还可能会披露该企业的商业秘密,这些都会降低许可方的交易积极性[58]。

(2) 大数据标准化建设

Drexl 等认为,解决数据竞争问题的关键是要促进数据准入,因此制定政策法规时应该围绕促进数据准入展开。现行的竞争法在促进数据准入方面存在一定的不足,尤其是在大数据情境下(数据量大、内容未知和不确定等)。例如,竞争法对数据准入的促进是通过对滥用市场支配地位进行行为救济来实现的,而对于歧视性数据准入或拒绝交易行为以外的情况,竞争法要施加垄断主体数据准入义务缺乏一定的法律基础。即便竞争法能实现这一目标,最后也要回归到解决数据标准化和兼容性的问题,因此从数据准入促进来看,数据标准化建设才是提升数据价值,解决数据封锁的较优路径[38]。

1.3 研究目标、意义和创新点

1.3.1 研究目标

当前无论是理论界还是实务界,对大数据垄断规制及其路径存在较大的反对声,这主要源于对政策过度干预导致企业创新动力降低的担忧。为避免过度干预导致数字经济发展停滞,本书基于企业为大数据垄断主体,从促进大数据共享和大数据应用为出发点,以数据准入为视角,重点关注大数据经济垄断,辨析大数据垄断的特征、对市场竞争和消费者利益的损害进行分析,在此基础上提出具体的规制路径。具体目标包括:首先,对大数据驱动型市场特征和大数据垄断的概念进行分析,进而研究了大数据垄断者在不同相关市场的市场力以及对效率、创新、竞争和消费者的损害。在此基础上,提出构建多部门法协同的法律框架来规制大数据垄断是较优选择。其次,对国内外与大数据垄断规制相关的法律制度、司法实践进行比较,提出完善反垄断法规则应对大数据垄断挑战的建议。最后,提出促进大数据准入和应用的大数据垄断规制路径。

1.3.2 研究意义

(1) 丰富大数据垄断规制的理论研究

本书从数据准入的视角,分析了不同视角界定大数据垄断概念的利弊,以及典型的大数据垄断行为及其效应;提出从市场力的视角界定大数据垄断，对如何规制大数据垄断形成有效的理论解释。在此基础上，展开案例分析，创新数据准入促进的相关理论。

（2）揭示影响数据准入的主要障碍及其作用机制

本书通过法经济学理论，提出大数据垄断者在不同相关市场具有不同的市场力，对效率、市场竞争、消费者福利会产生损害；进而分析阻碍数据准入的不同因素，对于破解大数据垄断、促进数据准入和共享具有重要的理论和实际意义。

（3）为我国培育具有健康市场竞争生态的数据治理体系提供决策依据

本书比较分析了欧美数据政策和数据发展目标的协同性，借鉴它们的有益经验，探索如何规制大数据垄断，助益我国数字经济建设的数据治理体系，并提出相应的数据准入促进政策建议，这对于落实我国大数据战略的实践具有重要的实际意义。

1.3.3 研究创新点

（1）提出应从市场力而非独占的视角来界定大数据垄断

理论上，由于大数据具有非竞争性，企业在收集和使用数据时无法排除其他企业对数据的收集和使用。但现实中，大数据独占具有可能性，即便企业不能实现独占，依然可以通过占有大数据来实现价格控制、排除市场竞争。因此，从市场力而非独占的视角来界定大数据垄断，更符合大数据应用和数字经济发展的内在需求。

（2）提出应加强大数据垄断的事前规制，完善反垄断法的事前规则

大数据驱动型并购会进一步加强大数据垄断，对反垄断事前规则提出了挑战，且通过单一的事后规则进行救济效果不佳。若以传统反垄断规则进行审查会忽视大数据的反竞争效应，使之成为法律规制的漏网之鱼。本书分析了大数据驱动型并购的特征、对市场竞争和消费者的影响，认为以"营业额"为事先申报标准无法有效规制

大数据垄断。在此基础上,本书提出应该在"营业额"标准的基础上,将交易额也纳入事先申报审查标准。在相关市场界定上,应承认企业通过提供"免费"服务换取用户数据的商业模式具有"经济性",界定独立的大数据相关市场。

(3) 丰富了基于事后救济的大数据垄断规制相关理论

首先,通过对大数据准入的技术、法律、市场障碍进行分析,提出我国在构建数据可携权制度时,应对不同的数据类型进行分类,并赋予不同数据主体不同程度的数据可携权,在此基础上提出相应的立法建议。其次,分析了在大数据垄断规制中适用必要设施的合理性,指出大数据虽然具有非竞争性,但在特定情况下也是瓶颈资源,应适用必要设施原则规制大数据垄断,并在此基础上提出适用必要设施原则的四个条件。同时,提出应尽快建立大数据强制许可制度以及具体的适用原则和监管机制。

1.4 研究方法

1.4.1 法经济学研究方法

法经济学是运用有关经济学的理论、方法研究法学理论和分析各种法律现象的学说。由于法律所有活动包括一切立法、司法以及整个法律制度,实际上是发挥着分配稀缺资源的作用,所以运用这一研究方法来研究大数据垄断及其利益分配制度可以极大地提高研究结论的实用价值和理论意义。本书在大数据垄断的概念界定、大数据垄断行为的竞争效应以及消费者利益损害、大数据必要设施原则适用的合理性分析等主要内容方面均运用了法经济学研究方法。通过对该研究方法的运用,本书更好地论证了大数据垄断的消极效应以及规制的必要性。

1.4.2 案例分析法

大数据垄断的概念及相关问题研究始于 2007 年 Google 和 DoubleClick 的合并案,而且后续相关研究的推进也和不同案例有关。由于大数据垄断是一个新问题,相关法律法规出现了滞后性,所以从欧美及我国的审判案例中可以审视司法部门所持态度的演变及最新的发展。可以说,案例分析法贯穿于全文,其中在分析大数据驱动型并购的相关市场界定时,着重分析了 Google 和 DoubleClick 合并案以及 Facebook 和 WhatsApp 合并案。通过案例分析法,可更好地了解欧美司法部门对大数据垄断所持的态度,并从中得到有益的经验和启示。

1.4.3 比较分析法

不同国家因为文化的不同,对个人信息的保护存在较大的文化差异,从而影响到该国法律法规的制定。另外,大数据对产业、国民经济和创新的影响在当今社会尤为重要,不同国家从产业发展的利益出发,在对大数据垄断规制时也是宽严不一。因此,比较不同国家的相关法规政策,有利于提出更符合我国具体国情、促进我国大数据产业发展和个人信息利益保护的解决方案。本书主要比较分析了欧盟、美国、德国等主要经济体在大数据垄断方面的相关立法和执法差异及演进,进一步比较分析了该差异和演进的内在因素,在此基础上提出对我国的启示。

1.5 结构安排

本书的研究思路是以数据准入为视角,通过对大数据垄断概念的厘定和大数据垄断行为的分析,提出大数据垄断对创新(尤其是颠覆性创新)、市场竞争以及消费者产生的损害,对现行法律法规提出的挑战;在此基础上,提出以促进数据准入和应用以及赋能我国数字经济发展为目标的规制制度安排。具体研究路径为:揭示问题—剖析规则—案例研究—政策建议。基本研究思路如图1-1所示。

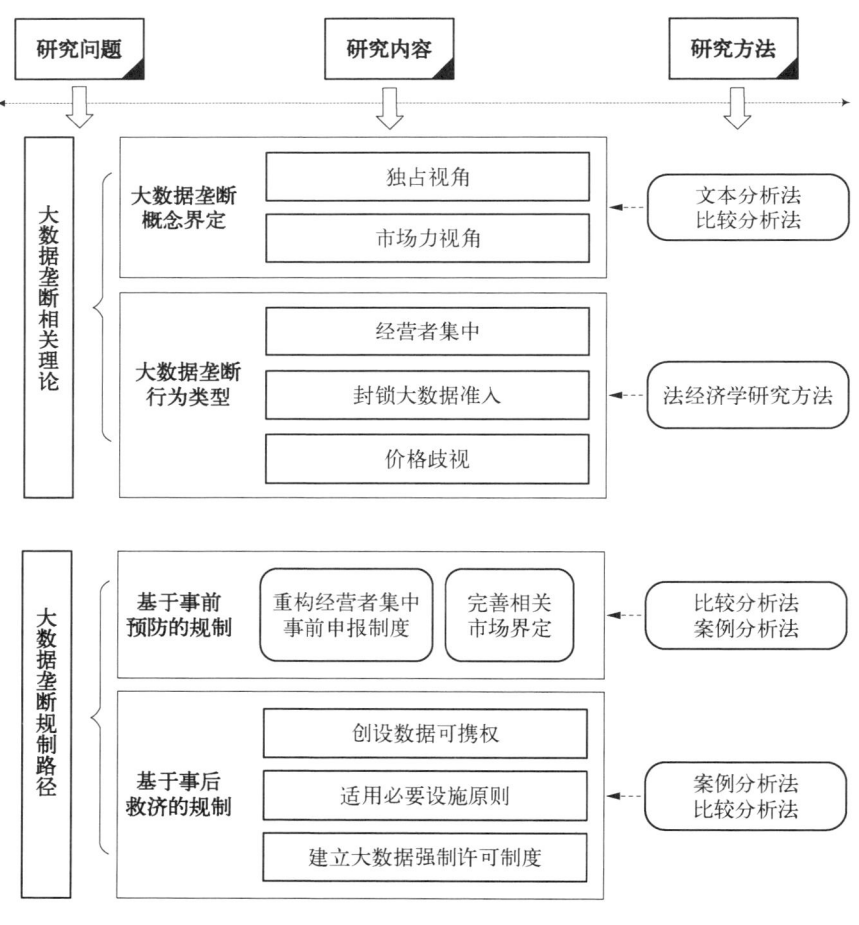

图1-1 基本研究思路

1.6 本章小结

《促进大数据发展行动纲要》以及《新一代人工智能发展规划》等国家战略与规划的颁布和实施为中国构建"以数据为关键要素的数字经济"提出了研究需求,并极大地推动了数据作为"新的生产要素、基础性资源和战略性资源"的生产实践与学术探索。国内外学者结合当前的生产实践从不同领域展开了大量的研究,并取得了许多理论突破与极富参考性的研究成果。其中,由于数字市场具有平台经济、双边市场和动态经济等特征,很容易形成范围经济和规模经济等效应,以及大数据的资源属性,尤其是大数据使用的非竞争性(非排他性),理论界和实务界在大数据垄断的概念以及规制问题方面存有较大的争议。部分学者认为由于大数据使用的非排他性,大数据垄断不存在也无须规制,尤其是以企业为代表的实务界大多持该观点。另外,对于大数据垄断的规制路径,理论界和司法界就采用单一部门法还是多部门法的合作,以及采用何种部门法规制为最优路径也存在较大的争议。基于这样的现实背景和现有的研究现状,结合我国自身数据治理体系的滞后和国际数据主权博弈的压力,如何构建健康的数据市场竞争生态,促进数据准入,为学术界进一步开展理论探索与实证研究提出了更高的挑战。其中,在以下几方面存在进一步探讨、发展或突破的空间。

首先,对大数据垄断概念本身缺乏系统的基础性理论研究。现有文献对大数据集中产生的效应分析以及规制路径存在较大争议的主要根源之一,是对大数据垄断概念本身存在不同的认知。对于通过梳理和界定大数据垄断概念,从根源上解决大数据垄断的规制路径选择问题,尚未形成体系化的理论分析框架。

其次，从数据准入的视角，对大数据垄断行为及其效应缺乏深入的研究。现有文献较多集中在数字市场固有特征产生的竞争问题，对价格歧视等大数据垄断行为的效应分析较多从数据主体（消费者）权益侵害视角展开，对构成"数据准入"障碍的大数据垄断行为及其作用机理缺乏深入的分析与相应的对策研究。

最后，对以数据准入促进为价值目标的大数据垄断规制具体路径缺乏系统性研究。在大数据准入障碍识别，完善反垄断法应对大数据垄断挑战，探索多部门法协同机制，构建和完善数据准入促进的政策法规等方面有进一步探讨和突破的空间。

第 2 章
大数据垄断的概念界定

2.1 厘定大数据垄断概念的必要性

随着互联网和人工智能技术的发展,世界各国都把推进经济数字化作为实现创新发展的重要动能,大数据逐渐成为产业发展的基础资源和创新引擎以及商业竞争的核心动力和命脉。党的十九届四中全会提出将数据作为生产要素,由市场来评价贡献,并按贡献决定报酬。由于互联网在过去 20 多年的迅猛发展,人们的线上活动空前活跃,为企业留下了大量的行为痕迹数据,以数据为驱动的企业在较长时期经营活动中积累了大量数据,并利用大数据在各自服务或产品相关市场享有绝对支配地位,如 Facebook、Google、Amazon、百度、Linkedin 等。同时,伴随着市场支配地位的反竞争行为也相继发生,这些行为是否应得到相应的规制以及如何规制,引起了国内外学者的高度关注。在我国,大数据竞争问题从 2017 年开始逐渐引起理论界和实务界的高度关注,但从大数据争夺的焦点和司法审判实践来看,我国大数据竞争讨论在很长一段时间主要集中在反不正当竞争的领域。这是因为在我国,大数据竞争问题一开始主要爆发于巨头企业之间的数据争夺争议,并非源于企业与数据主体(用户)之间的利益矛盾。

但在欧美国家,大数据竞争的司法实践和理论探讨早已延伸至反垄断领域。早在2007年的Google和DoubleClick合并案中,司法界和理论界对大数据垄断、大数据市场以及大数据驱动型并购的竞争效应和消费者损害就展开了讨论。2014年Facebook和WhatsApp的并购案又一次引发了大数据垄断对竞争以及消费者影响的探讨。但在当时,欧美司法部门对大数据垄断的认知还不够深入,对以大数据垄断为目的的并购审查还持比较谨慎的态度,这主要源于它们对现行反垄断法相关规则的信心。因此,在Google和Facebook两个案例中,最后执法部门都认为数据集中不会引起重要的反竞争问题。

但是,Google和Facebook在原有的服务市场(搜索服务和社交网络服务)以及其他诸多细分市场的垄断行为本质上是对大数据的垄断。在2017年hiQ和Linkedin的大数据纠纷案中,hiQ声称Linkedin利用其在职业社交网络市场的支配地位垄断了相关大数据,并意图利用所垄断的大数据进入大数据分析市场,进而通过封锁大数据准入将市场支配地位传导到新的相关市场(大数据分析市场),导致与hiQ存在直接竞争关系[59]。这种垄断力跨界传导是一种反竞争行为,为反垄断法所禁止。

2017年的几个大数据争夺案,包括腾讯与华为的数据争夺,hiQ和Linkedin的数据争夺,逐渐引起司法部门对大数据垄断的关注。2017年,欧盟委员会对Google开出了高达24.2亿欧元的反垄断罚单[60]。德国为了应对大数据对竞争法带来的挑战,在2017年对《反限制竞争法》(German Act Against Restraints of Competition)进行了第九次修改。尽管大数据相关现象与案例频发催生了大数据垄断、大数据寡头等概念的出现,但对于大数据垄断的内涵、边界、性质等界定都还比较模糊。

2.1.1 大数据的概念界定

虽然大数据已经成为竞争政策专家热议的话题,但由于各界对大数据的认知不同,所以对大数据的界定也不同甚至是相互矛盾的。美国总统科技咨询委员会在其报告中提到商业咨询人员、计算机科学家以及隐私专家对大数据的界定是不同的[61]。正是因为大数据的界定缺乏一致性,导致对大数据相关话题的讨论也存在模糊性。为了进一步推动大数据相关的研究和消除模糊性,首先有必要对大数据进行确切的界定[62]。

一般来说,对大数据的界定最早来自 Gartner 公司的 3V 特征界定,即体量大(Volume)、高速性(Velocity)和多样化(Variety)。之后,Microsoft 又突出了技术的重要性,这是以前对大数据进行概念界定时所忽视的。MIKE 2.0 则认为复杂性才是界定大数据的决定性因素。Ward 等在现有文献的基础上,进一步将大数据界定为"通过使用一系列技术才能存储和处理的大量或复杂的数据集"[62],这个界定主要是为了突出大数据的大体量、复杂性和技术性三个关键要素。虽然不同的人对大数据给出了不同的界定,但目前援引最多的还是 Gartner 给出的 3V 特征,后来学者又增加了一个价值(Value)特征,即 4V 特征[63]。本书也采用 Gartner 对大数据的界定,即大数据是指具有体量大、高速性、多样性以及价值高等特征的数据集。

和传统数据集相比,大数据的"大"首先体现在体量上。麦肯锡在 2011 年直接将大数据界定为体量超过传统软件工具可以捕捉、存储、管理和分析能力的数据集[14]。值得一提的是,大数据体量大不仅仅是指大数据的绝对体量,还包括与该领域相关的综合数据的体量[22]。

其次,大数据的"大"还体现在其重要性、复杂性和挑战性[62]。

如果界定大数据只关注数据体量的话,是具有误导性的[64]。大数据的复杂性和挑战性主要体现在高速性和多样性上。高速性不仅指的是数据生成的速度,还包括准入、处理和分析的速度。在相同体量的情况下,高速处理甚至是实时处理数据比处理静态数据更加困难[64]。正是因为大数据的高速性,大数据的界定比传统数据集更具动态性和高技术性。由于企业可以快速甚至是实时收集、存储和分析数据,企业的历史数据可以得到保值,因为企业可以不断地更新数据,在竞争中胜出。但是高速性特征又反过来对企业在技术能力上提出了高要求,因为没有高技术,企业很难获得真正意义上的大数据,可能获得的仅是体量大的数据集而已。

除了高速性,大数据的复杂性和挑战性还体现在数据的多样性上。和传统数据集相比,大数据大多来自不同数据源的非结构化数据集,包括网络日志、社交媒体、移动通信、金融交易。除了多来源性,大数据的多样性还表现为可以将不同数据连接的能力[14],即数据融合的能力。通过大数据的多样性,企业可以更好地掌握消费者信息,并有的放矢地投放精准广告。因此,大数据驱动型企业不仅有兴趣收集不同消费者的同一类数据,也有兴趣收集同一类型消费者的不同数据,这点从英国零售商 Tesco 所收集到的数据广度就可以看出来。Tesco 一开始通过会员卡申请表收集了消费者的个人信息,包括地址、年龄、性别、家庭成员以及他们的年龄、饮食习惯等。随后,又收集了消费者的在实体店和网店的消费历史,包括已购买的物品和浏览历史[65]。

最后,大数据的"大"还体现在价值上。大数据的价值主要源于其他三个特征的作用。大数据的体量大可以帮助企业从大数据的非结构化数据中找到关联性,这比从小体量、更清洁的数据集所获得的关联性更准确[63]。另外,大数据的价值还来自融合不同类型的数据,并进行高速处理和分析。通过实时监控和自我学习的计算机算法,可以自动更新相关性和预测结果[63]。

可见,相较于传统数据集,大数据除了体量大,更为突出的特征是高速性和多样性,因为高速性和多样性体现了大数据的动态性,以及对高技术的要求。在研究与大数据相关的问题时,是否将这两个特征考虑进去对研究结论将会产生重要的影响。

2.1.2 大数据与反垄断的关联性存在争议

随着企业对消费者数据的收集和使用不断增多,关于大数据与反垄断之间的关联性讨论越来越多。但从现有的相关文献来看,各界对大数据与反垄断的相关性并未达成一致意见,还存在较大的分歧。这些分歧主要包括大数据是否会产生损害以及是否要进行干预;倘若产生损害,是否应通过反垄断法来干预和救济。其中以 Tucker、Lerner、Sokol 等为代表的学者认为大数据还不足以构成垄断问题,通过反垄断法来干预不合适。而以 Stucke 和 Newman 等为代表的学者认为,大数据已经成为垄断问题的重要来源,应尽早通过反垄断法来进行干预。

持反对观点的 Tucker 等认为,企业所需的数据可以广泛获得且经常是免费的,对大量数据的分析已不再昂贵,对初创企业也是如此;且大数据的价值消失很快,虽然历史数据在分析发展趋势方面具有优势,但在实时性决策方面,几乎毫无价值[44]。这个观点在其他学者那里也得到呼应。Lerner 指出,很多学者提出控制必要设施会产生排除竞争者的效应,但该担忧对大数据驱动的企业来说是没必要的,因为没有一家企业控制了所有用户数据,甚至连大部分或足够量的用户数据都没办法控制。在位企业并没有明显或事实上独占消费者数据,也没有与消费者签署排他性协议或实施价格战略以锁定消费者[19]。反过来,消费者会使用不同服务,向不同服务商提供个人数据,可见消费者具有多栖性,且消费者数据没有竞争性。消费者的多栖性和消费者数据的非竞争性,会降低企业独占用户数据的可能性或排除事实上的独占,而且消费者数据的回报下降很快,这些都会导致规模效应下降或消失得很快[19]。Sokol 等也持相同的观点,认为大数据具有随处可见且便宜、容易收集、不具有竞争性、价值寿命短暂等经济特征,而且不同平台需要的数据不同,这些导致大数据不会产生竞争损害[18]。

该学派的学者基于对大数据特征的理解,进一步认为大数据不会产生市场准入障碍,相反对大数据的收集和使用可以改善服务,进一步促进竞争,并最终有利于消费者福利。企业通过对消费者数据的获取、分析可以为消费者提供相关性更高[29]、针对性更强[30]的信息,不断完善产品和服务质量。Tucker 等认为,在位企业收集了大量的消费者数据或者从其他渠道收集了很多数据,但并不意味着新企业也需要相同体量或相同类型的数据来进入市场并开展有效的竞争。为此,新企业在数据收集和分析方面不会处于严重的竞争劣势[44]。Lerner 也表达了相同观点,指出消费者数据收集是线上服务开展的重要组成部分,会产生重要的消费者福利。线上和线下的企业、不同规模的企业,包括新企业都在收集消费者数据,并通过数据赋能提供不同的服务[19]。另外,在位企业竞争成功的原因不是源自对消费者数据的控制,因为平台间的竞争是多维度的,除了消费者数据,还需要融合其他来源的数据和要素才能提供高质量的服务,所以"收集消费者数据会产生重要的规模经济,并产生支配地位的网络平台"是站不住脚的[19]。

基于以上的分析,该学派认为大数据能促进竞争,无论是欧洲还是美国都没有发现大数据本身是损害理论的来源,适用反垄断法进行干预不是好的选择[18]。相反,引入反垄断法规制还会减弱创新产品和服务的积极性,有可能为试图钻法律空子的企业创造机会[42]。而且限制在位企业收集和使用数据或强制要求在位企业和竞争者共享数据反而会损害竞争以及带来隐私问题[44]。

以 Stucke 和 Newman 为代表的学者则认为大数据是反垄断问题的一个潜在来源[63]。Stucke 等从实施数据战略的企业数量占比出发,提出质疑,"如果真如某些学者所言,大数据到处可以获得且成本很低,那么为何如此多企业还要花大量的成本向消费者提供免费服务以换取数据?与其支付额外成本去获取数据,企业为何不从公共数据获得相关数据。显然,事实并非如此"[22]。Stucke 等进一步对消费者数据作为关键要素的企业商业模式展开分析,认为企业提供免费服务的目的是换取消费者的个人数据,以帮助广告商更好地实施精准广告[63]。

Newman 提出了相同的观点,认为线上服务提供商需要大量的消费者数据,只有拥有大量的消费者数据才能提供有价值的服务,并展开有效的竞争,大数据已经是新网络经济的"石油",而这关键要素却越来越被一群垄断者所控制。而且当垄断者面临的竞争不充分时,就可以收集更多、更敏感的数据,侵害消费者的隐私,却无须担心市场压力。垄断者考虑的只有如何获取更多消费者数据[23]。由于大数据的价值高(Value)依赖大数据的其他 3V 特征,即大体量、高速性和多样化。企业为了提高大数据价值,会不断收购具有数据优势的企业,限制竞争者进入数据,阻止他人分享数据,这和数据可携性相关的政策背道而驰[63]。

另外,大数据价值具有不对称性。企业可以针对那些容易受特定销售策略影响的消费者有的放矢地实施广告策略,但消费者对数据是否和如何被收集、使用以及是否存在价值都不知情[63]。Newman 对此也表达了担忧,认为随着企业掌握更多消费者数据之后,对消费者了解更多,但消费者对企业的市场行为却知之甚少。这种信息不对称性逐渐上升,最终转化成整个经济的不平等性。如果还试图依赖市场自己纠正垄断问题,显然不是一个好的战略,急需政府尽早干预[23]。

2.1.3 争议根源在于概念界定的模糊性

从两学派争议焦点可以看出,虽然他们对大数据的界定以及4V特征并无异议,但在具体分析大数据与反垄断关联性时,还是存在不同意见的。Tucker之所认为大数据具有成本低、可获得广泛性、价值流失快等特征,是基于作者将大数据界定为大量的数据。在分析新企业是否存在准入劣势时,只集中分析了对大数据体量的准入,没有考虑大数据分析的作用[44]。而Lerner在分析时则直接将大数据等同于企业的消费者数据,将其他来源的数据作为消费者数据的替代数据,从而得出"企业无法独占大数据,不存在大数据垄断"的结论[66]。但Stucke等学者在对大数据与反垄断关联性进行分析时,考虑了大数据的"高速性"和"多样性"特征,认为这些特征构成了数据驱动市场的活力,所以如果企业能够以比竞争者更快的速度处理和分析数据,就可以处于更有利的竞争地位[63]。

但和传统数据集相比,大数据的"大"不仅仅体现在体量上,还体现在"高速性"和"多样化"上。Tucker和Lerner等学者在分析大数据与反垄断关联性时既没有考虑大数据的高速性,也没有考虑大数据多样化以及对不同来源数据的融合能力,忽视了大数据的动态特征。而大数据的动态性特征、大数据驱动型市场的特征以及二者之间的互动性对研究大数据相关的问题意义重大。OECD也指出在界定和分析大数据相关问题时,除了要反映出大数据的体量大,还应体现出实时性、多样性等重要要素[64]。

除了对大数据的认知不同,两派学者的争议根源还来自从不同视角界定大数据垄断。第一种观点是基于大数据固有属性,从独占的视角,将大数据垄断界定为对大数据的独占,并将大数据的可共享性作为大数据不存在垄断的主要抗辩理由,认为这是一个市场优胜劣汰的自然现象,市场可以自我矫正,无须规制。正如Tucker等所言,大数据具有非竞争性,便宜且容易获得,企业收集和使用数据时,不能阻止其他公司对数据的收集和使用,在位企业无法独占大数据,故而无大数据垄断一说。

第二种观点则基于大数据驱动型市场的结构特征,将大数据垄断界定为排除市场竞争的一种市场力。该观点认为虽然大数据具有非竞争性,但大数据驱动的企业具有双边市场特征和网络效应,能够促进在位企业享有垄断地位,对新企业构成进入壁垒。而且大数据并非容易获得且成本低,在位企业在市场支配地位达到一定程度之后会侵害消费者利益,应该受到相关法律规制。可见,厘定大数据垄断的概念是有效安排制度的前提。

2.2 基于独占视角界定大数据垄断

2.2.1 基于独占视角界定的理论基础

1. 对垄断的不同界定

垄断一词在我国源于《孟子·公孙丑下》中的"必求垄断而登之,以左右望而罔市利"。根据维基百科的定义,垄断原指站在市集的高地上操纵贸易,后来泛指把持和独占。在西方,根据词典定义,垄断(Monopoly)是指个人、企业或国家对某个商品享有独占性的销售权[66],即垄断者是指唯一的供货商[67]。可见,词典是从独占的视角对垄断进行定义的。西方传统经济学一般也采用独占的视角,将垄断者定义为可以控制市场所有产出的企业,并将垄断企业和具有支配地位(dominant)的企业进行区分,将控制市场所有产出的企业称为垄断企业,将控制大部分产出的企业称为市场支配企业[68]。

但是,美国《谢尔曼法》(Sherman Antitrust Act)并没有将垄断界定为独占或独占性控制。其第二条对垄断者和实施垄断行为的界定并没有限于某个产品的唯一供应商。在具体司法实践中,法院将垄断界定为可以控制价格或者排除竞争的能力。如果一个占有市场支配地位的企业具有该能力,尽管它可能只占有百分之九十的市场份额,那么也构成法律意义上的垄断[69]。从我国反垄断法规制对象来看,也没有将垄断仅限于独占。《中华人民共和国反垄断法》第三条规定垄断行为包括:经营者达成垄断协议、经营者滥用市场支配地位、具有或者可能具有排除、限制竞争效果的经营者集中;在第二十四条规定,一个经营者在相关市场的市场份额达到二分之一,可以推定为具有市场支配地位。因此,有学者将垄断界定为一个公司控制了某个产品的所有或者大部分产出,没有其他企业可以在相当的成本基础上进入市场,或者扩大产出[68]。

可见,大数据垄断概念的不同学说源于对垄断的不同认知,而概念的不同界定势必会导致制度安排的不同。如果将垄断界定为对生产或销售的独占,那么对企业市场份额的要求是百分之百;如果没有达到百分之百的市场份额,该企业就不构成垄断,可能产生的竞争问题就容易被忽视。如果从限制、排除市场竞争的能力出发,将垄断界定为企业控制全部或者大部分产出的能力,即便市场份额未达到百分之百,也会引起反垄断法的关注。那么从独占的视角来界定大数据垄断是否符合大数据驱动型企业和市场的现实情况?

2. 大数据固有属性和市场结构特征

大数据的固有属性和市场结构特征在理论界还没有形成。有学者认为大数据是普遍存在的,且便宜和容易获得[7]。用户使用网络时在不断地创造数据,新企业很容易从其他地方获取数据。大数据的生产和销售的边际成本几乎为零[18]。数据的价值寿命有限,旧的数据不如新数据更有价值,数据的价值随着时间的推移而逐渐减弱[8],而且回报率也在降低[6]。为此,大数据所带来的竞争优势会流失,新企业在数据收集和分析领域不会处于严重劣势地位[70]。对于新企业来说,不需要收集和在位企业同等数量的数据,而只要设计战略就可以收集相关性高和实时性强的数据[9]。另外,一个企业要成功光有数据是不够的,还需要人才、服务质量、创新速度以及对消费者的关注,占有数据不必然会赢得市场[18]。为此,有学者认为数据驱动的市场特征是市场进入壁垒低,因为用户数据不是或者在极少情况下是一个新企业进入市场的起点,相反,这些企业进入市场是因为提供了具有创新的新产品或者新服务,满足了用户的需求,在此基础上可以快速收集用户数据,以及可以利用数据改善服务并取得成功。新进入市场的企业不会在数据收集和分析领域处于一个重要的竞争劣势。尽管在位多年的企业比新企业获取了更多的数据,也不能说明该数据资源的缺失就可以构成进入壁垒[44]。

该学说首先忽略了大数据技术的发展阶段。在 20 世纪 90 年代,通用搜索服务的索引技术还不能分析用户行为,用户数据规模效应还没有成为市场集中和支配地位的关键要素[71]。或者可以说,当时还未出现现在意义上的大数据。但是随着技术创新和大数据技术不断发展,以 Google、Amazon、Facebook、腾讯、阿里巴巴等为代表的数据驱动型企业不断投入开发大数据和算法技术,不断巩固和加强其市场支配地位,将竞争者挤出市场。以搜索引擎为例,从 2007 年开始,虽然有许多新兴企业试图开发通用搜索服务,但没有一家企业能够建立起重要的市场地位。这些企业要么停止提供通用搜索服务,要么改为提供互补性服务,以避免与 Google 通用搜索服务展开竞争,比如 DuckDuckGo 等精准搜索引擎都无法在通用搜索服务市场立足[71]。因此大数据驱动的市场进入壁垒并非很低。笔者认为,大数据有多种固有属性和社会功能属性,其中影响大数据垄断概念界定的固有属性主要体现在以下三个方面。

(1) 大数据具有非竞争性

相较其他生产要素，大数据最显著的特征是具有非竞争性，这也是许多学者认为大数据不会导致市场集中和垄断的主要原因之一。根据数据收集方式不同，大数据可以分为原始数据、观测数据和衍生数据。原始数据是指由消费者主动提供的个人数据集合；观测数据是指消费者在使用服务时留下的行为痕迹；衍生数据是指企业对收集到的原始数据和观测数据进行清洗、处理后所获得的数据。和知识产权权利人不同，对于原始数据和观测数据，大数据控制者没有法律赋予的排他性权利，理论上也无法排除他人继续收集和使用相同的用户数据。控制者对原始数据和观测数据的所有权主张缺乏夯实的法理基础。但即便是对衍生数据，大数据是否应该享有所有权在世界各国都存在反对声。基于此，很多学者认为大数据的非竞争性使得大数据有别于其他重要资源，在位企业对数据没有独占权[18]，而且多栖性是互联网用户的一个常态，用户可以向不同服务提供商分享自己的数据[5]。

(2) 大数据驱动型市场具有双边市场和网络效应特征

纵观全球，大数据集中的企业绝大部分都是具有双边市场的平台企业。得益于互联网和大数据技术的发展，人们的线上活动得到了空前的发展，线上活动所留的行为痕迹主要集中在如 Google、百度、Facebook、腾讯、Linkedin、滴滴出行等具有"媒介"特征的平台企业。这些企业一方面通过向消费者提供"免费"服务换取用户的个人数据，另一方面利用这些数据吸引广告商从而获利。双边市场相互影响，而且竞争程度主要受间接网络效应的影响[20]。在双边市场的交互机制作用下，在位企业可以实现用户服务市场的规模经济效应，不断降低边际成本，从而提高利润。

(3) 大数据驱动型市场的进入壁垒高

市场进入障碍对市场有效竞争会产生阻碍作用。如果进入门槛很高,一个行业就很少会有新企业,在位企业面临的竞争压力也有限。对于很多产业来说,经济障碍具有显著性。在位企业会进行大量的隐性投资,新企业要进入市场首先必须在资金投资上与之竞争,而高昂投资成本将导致新企业难以通过提供可获利润的产品进入市场[72]。其中,经济规模、市场进入高成本在大数据驱动市场中尤为突出。用于数据收集、分析和使用的大数据技术水平的高低直接影响了数据的质量,而大数据技术开发具有固定成本高、边际成本低的特点,且算法技术的提升不仅需要大量资金,还需要大量的数据。另外,数据固有属性与双边市场的交互机制容易导致市场集中,出现赢者通吃的结果[11]。

2.2.2 基于独占视角界定的弊端

虽然大数据具有非竞争性,但大数据驱动型市场具有双边市场特征和间接网络效应,容易形成规模效应,并呈现动态化特征。如果只考量大数据的资源固有属性,从独占的视角,将大数据垄断界定为"对大数据的独占",具有一定的实践弊端。

1. 忽视了大数据市场结构特征

将大数据垄断仅限于对大数据的独占,忽视了大数据驱动型的市场结构特征和商业模式。以大数据为驱动的企业如Facebook、Google、Linkedin、Amazon以及我国的腾讯、阿里巴巴、滴滴出行等都具有双边市场的特征,双边市场相互影响。在用户服务市场,企业通过向消费者提供"免费"服务换取用户的数据。同时在广告市场,企业通过向广告商出售用户数据营利。用户服务市场为广告市场提供数据,而广告市场又反过来为用户服务市场提供资金,这种交互机制是目前大数据集中企业的主要商业模式。在位企业获得了大量的用户数据,通过算法技术提升服务或开发新产品,新企业需要有足够的顾客才能保证有效营业。一般来说,如果新企业想要赢得足够的顾客,就需要提供同样具有竞争力,甚至更具竞争力的产品。但大数据与新产品之间的相关性分析是开发新产品的关键,新企业由于缺乏大数据,在了解消费者偏好、提供精准性服务方面与在位企业存在较大差距,难以通过提供更具竞争力的产品来赢得足够的客户。双边市场的用户和资金之间的交互机制所产生的规模经济依然能造成市场进入壁垒。

2. 会固化企业的垄断力,不利于大数据应用

虽然大数据具有非竞争性,在位企业理论上难以独占数据,但事实上,大数据可以促使企业排除竞争。目前,由于大数据的权利属性和归属具有复杂性,难以达成共识,在实务中主要采用债权路径,比如贵阳大数据交易中心、上海大数据交易中心,以及各大互联网巨头,都是采用契约意思自治来实现大数据确权。但是通过市场机制进行大数据交易的法律风险过高,过度依赖契约路径将导致市场失灵,其主要形态是垄断[73]。

在这种情况下,如果将大数据垄断界定为对大数据的独占可能会导致制度效率低下。因为对大数据垄断概念界定的不同,意味着对大数据垄断法律性质认知的不同,势必导致法律适用不同,也就意味着不同的交易成本与制度效率。从独占视角界定大数据垄断的学者,偏向于对大数据权利性质和权利归属进行讨论,并尝试从物权或知识产权等权利法路径来促进大数据开放和共享。但是,参考物权法将数据想象成抽象物,设置大数据物权并没有充分考虑大数据的非竞争性以及背后的公共利益需求,以物权机制作为模板来制定大数据集合的产权保护规则,很容易陷入过度保护的泥潭[74]。如果采用知识产权路径,可能与大数据共享方向相左,因为知识产权法从某种程度上来说是通过限制应用来促进创新。如果赋予大数据开发企业某种知识产权,会限制大数据的应用,而大数据应用应该是各国对数据开发的主要价值目标。

因此，如果将大数据垄断仅限于独占，并赋予大数据控制者相关数据权或知识产权，保护其在大数据收集和开发等价值链中的投入，不但不能促进创新和大数据开放，反而会停滞数据流动，与数字经济发展的初衷背道而驰。

2.3　基于市场力视角界定大数据垄断

虽然法学和经济学对垄断的界定存在一定的差异，但反垄断思想深受经济学理论的影响，在20世纪70年代，美国受"经济学就是王"思想浪潮的影响，将经济学理论分析引入反垄断相关政策制定中。在这之前，经济学理论在反垄断的相关政策中发挥的作用甚微，一方面是因为经济学家对反垄断政策的讨论较少，另一方面是因为即便经济学界对反垄断政策有所讨论，反垄断政策制定者对此较少关注，因此反垄断理论在较长一段时间的发展中是缺乏经济理论基础的[75]。

但在20世纪70年代，以波斯纳为代表的芝加哥学派认为传统的反垄断思想仅仅依赖经验数据和简单的归纳分析，缺乏严谨的理论基础。尤其在芝加哥学派代表人物被任命为联邦政府反垄断法官之后，美国的反垄断思想在整个20世纪80年代都被芝加哥学派主导着。虽然美国反垄断思想经历了不同学派的影响，但对生产效率、资源分配效率以及社会总福利的影响构成了垄断的主要理论基础。大数据垄断如何界定也可以从生产效率、资源分配效率以及社会福利几方面进行考量。如果企业能够通过占有大数据控制价格和排除竞争，造成社会生产效率和资源分配效率低下，并在此基础上损害社会福利的话，那么应该构成反垄断法意义上的大数据垄断。

2.3.1 基于市场力视角界定的理论基础

1. 市场力的相关理论

（1）市场力的概念

根据完全竞争理论，在完全竞争的经济中，生产和分配可以达到均衡，从而带来生产效率和分配效率。其中，企业以最低的成本生产所有产品和服务，将生产效率最大化，且资源得以分配到不同产品和服务的生产中，投入和产生不再重新分配。这样，在增加一部分消费者福利的同时，不会减少其他消费者的福利，从而增加了社会总福利。但是，该种生产效率和分配效率的实现都是基于市场有足够相互竞争的卖家和买家。充分竞争可以迫使立于市场的企业以最低的成本进行生产，而效率低下的企业，由于无法按照最低的成本进行生产，从而在市场竞争中被淘汰出局。这样涌入和留在市场中的企业都是具有较高生产效率的企业。对于资源分配来说，由于每个市场都有足够多的卖家和买家，市场中的每个卖家对产量的决定不会对价格产生影响，或者难以产生较大的影响。在这种情况下，企业出于利润最大化会不断增加产量直到价格与边际成本相等。因此，如果一个市场是完全竞争的，那么价格应该恰好等于边际成本[68]。如果企业将价格确定在竞争水平之上，那么它的产品就会卖不出去，因为消费者能够按照市场价格从其他企业那里买到商品。假设企业将价格定在竞争水平之下，那么它卖出的数量与按照竞争水平价格卖出的数量相同的话，它获得的收益就会降低。因此，在完全竞争环境下，价格和边际成本一致是最合适的。

但是，完全竞争是一种极其理想化的假设，现实情况几乎没有出现完全竞争的市场。在不完全竞争中，尤其是在垄断环境下，垄断者像其他企业一样，试图最大化自己的利润，垄断者会不断增加自己的产量，直到生产最后一件产品所增加的收益等于所增加的成本。为了实现这一目标,垄断者会限制产量,并对产品强加一个比具有竞争的市场更高的价格,这样市场中的消费者福利就更少了[67]。因此,垄断就导致了效率的偏离。

在这种情况下,如果一个企业具有通过限制产出将提高到竞争水平之上却不担心快速损失较多销售额的能力,那么该企业就具有市场力。也就是说,市场力是指将价格定在边际成本以上的能力[67]。

市场力具有不同程度之分。如果一个企业稍微提高价格就会导致销售额大幅下降,那么其市场力就较低;如果企业大幅提高价格至垄断水平而不用担心销售额急剧下降,那么该企业具有强大的市场力。根据需求弹性理论,如果需求是富有弹性的,那么需求量下降的速度会大于价格上涨的速度,涨价后厂商收入反而会下降;如果需求是缺乏弹性的,需求量下降的速度则会小于价格上涨的速度,涨价后便可提高厂商收入。如果需求弹性是无限的,该企业定价和竞争水平价格就会保持一致,勒纳指数(Lerner Index)①则为零。所以,一个企业将价格定在其利润最大化的价格上,消费者对该企业产品的需求弹性越高,该价格越接近竞争价格。反之,如果弹性越低,那么该企业采取垄断价格的行为就会发生[76]。

对市场力产生影响的主要有用户联合抵制行为、市场上是否存在足够的竞争可以提供或者扩大产出以满足消费者的购买需求。如果消费者对产品有足够需求,而市场上又没有足够分量的竞争者,那么在位企业就可以收取超竞争水平的价格或者赚取超竞争水平的利润。如果价格远远高于经济成本,垄断利润就会产生。巨大的垄断利润会吸引其他企业试图进入市场瓜分利润。市场中的小企业会扩大生产,而市场外具有相关技术的企业也可能会生产不同的产品进入市场,甚至处在不同区域或新企业通过提供相同产品进入市场。

---

① 勒纳指数也称为勒纳垄断势力指数。它通过对价格与边际成本偏离程度的度量,反映市场中垄断力量的强弱。

这种市场扩张和进入可以将价格和利润退回到竞争水平。在此情况下,该企业的市场力可能迅速减弱或消失。但如果特殊市场环境存在、政府管制,或在位企业封锁竞争者进入市场或者扩张市场,那么市场力就会持久保存。如果在位企业可以独自阻止其他企业扩张或进入,那么在位企业就具有排除竞争的能力,具有强大的市场力[76]。另外,当一个企业在面临竞争者进入市场或者进行市场扩张时,还能将价格定在垄断水平上,那么该企业也具有强大的市场力[67]。

(2) 市场力的主要类型

一般来说,一个企业在没有足够竞争者限制的情况下,可以通过两种方式来提高价格或者阻止价格下降从而获利。第一种是企业直接限制自己的产量来提高价格或者将价格保持在竞争水平之上,这种能力被称为斯蒂格勒(Stiglerian)市场力[77]①。斯蒂格勒市场力很容易通过技能、远见、政府委托、合谋或并购等获得[77]。第二种是企业通过提高竞争者的生产成本,迫使竞争者限制自己的产量,从而阻止价格降低,被称为贝恩(Bainaian)市场力[77]②。当一个具有排他性的企业可以通过拒绝向竞争者提供原料,从而提高竞争者成本的话,那么该企业具有贝恩市场力[77]。简单地说,斯蒂格勒市场力是通过控制价格来实现的,而贝恩市场力是通过限制排除竞争来实现的。

在反垄断视域下,企业限制、排除竞争的力量主要来自独占或者贝恩市场力的实施,而消费者福利的损害则主要源自斯蒂格勒市场力的实施。这两种市场力可以独立存在,也可以同时发生。实际上,无论是斯蒂格勒市场力还是具有排他性的贝恩市场力都能将产量限制在有效的竞争水平之下,实施这两种市场力中的任何一种都将降

---

① 斯蒂格勒市场力以美国著名经济学家乔治·斯蒂格勒(George Joseph Stigler)命名。斯蒂格勒在其代表作《产业组织》(*The Organization of Industry*)中对该类型市场力做了详细论述。

② 贝恩市场力以美国著名经济学家乔·贝恩(Joe Bain)命名。贝恩在其代表作《产业组织》(*Industrial Organization*)中对该类型市场力做了详细论述。

低分配效率,将消费者福利转移到实施垄断力的企业中。如果实施的是贝恩市场力,还将降低生产效率。

(3)市场力与垄断力的关系

市场力是反垄断法的一个重要概念,美国《谢尔曼法》第二条就规定被告需要有较高的市场力。无论是在对垄断行为或者试图实施垄断行为的案例分析中,都要求证明市场力的存在;美国《克莱顿法》(*Clayton Act*)第七条的立法目标是限制并购导致市场力的提升[76]。美国在1984年颁发的《并购指南》(*Merger Guidelines*)中要求审查企业并购、合资企业合法性时应考量该并购能不能创造或提升市场力。在审查捆绑销售是否合法时,第一步也是确定该卖家是否对捆绑产品具有市场力。可以看出,市场力是美国反垄断执法中适用合理原则所要考虑的一个关键要素,甚至在适用本身违法原则时也开始关注市场力的问题[76]。

引起反垄断法关注的市场力主要存于两种情况:第一,在位企业将定价远高于边际成本之后是否还可以营利?第二,是否可以持续抵御竞争者进入市场或者进行市场扩张[68]。那么,市场力和垄断力到底是两个独立不同的概念还是所指相同,美国法院对此经常是模糊不清或者前后不一致的[77]。在 Matsushita Electric Industrial Co. v. Zenith Radio Corp. 案中,垄断力和市场力是交替使用的,都是指将价格定于成本以上的能力。在 Hanover Shoe v. United Shoe March. Corp. 案和 United States v. Grinnell Corp. 案中,市场力和垄断力指的是一回事[77]。但是,在美国最高院的一些案例中,至少在表述上,垄断力和市场力指的又是不同的概念。在 NCAA v. Board of Regents 案中,法院将市场力界定为"可以将价格提高到竞争水平以上的能力",而将垄断力界定为"控制价格或排除竞争的能力"[78]。从词义上来看,垄断力的外延要比市场力更大,因为控制价格的能力除了将价格提高到竞争水平以上的能力,也包括将价格下降到竞争水平之下的能力。但是,市场力是仅限于"提高竞争水平之上的能力",对市场力的界定忽视了将价格下降到竞争水平的能力。

但是经济学家将市场力和垄断力都界定为企业将价格定于边际成本以上还能营利的能力,简单一点说,就是将价格定于竞争水平之上的能力。实际上,大部分的司法实践都将垄断力和市场力视为相同的概念,只是没有明确二者是否完全相同[77]。由于实施反竞争行为的能力可以通过两种方式实现:提高自己的价格或者提高竞争者的成本。而这两种方式和市场力的两种类型①相同,分别对应为"控制价格的能力"和"排除竞争者的能力"[76]。因此从垄断力和市场力的内涵来看,二者没有本质的区别,可能只是在经济力量程度上存在一定的差异。如果反垄断法的首要目标是促进消费者福利,那么市场力应该指的就是垄断力,即将价格定在竞争水平之上而营利的能力[77],或通过价格控制排除限制竞争的能力。

(4) 市场力与市场份额的关系

在各国反垄断执法中,如果要审查企业是否存在滥用市场支配地位行为,要先证明该企业具有一定的市场力。体现企业市场力的一个重要指标是企业的需求弹性,但是直接测量每个企业的需求弹性对于法院或反垄断执法机构来说是个大挑战。所以,一般情况下,将市场份额作为评估企业市场力的一个重要因素。市场份额之所以成为反映市场力的一个重要指标,原因有二。第一,根据市场需求弹性、企业需求弹性以及市场份额之间的关系(见 2.1 小节),企业市场份额越大,所面临的需求弹性越低,勒纳指数和市场力就越高,从而提高市场价格带来的产量下降越少。和市场份额小的企业相比,市场份额大的企业在大幅提高价格时所需要的成本更低。第二,一个企业的市场份额越大,就意味着竞争者的市场份额越小。这样,竞争

---

① 市场力的两种类型斯蒂格勒市场力和贝恩市场力分别是控制自己价格的能力和控制竞争者成本排除竞争的能力。

者所能增加的产量就越少,而企业因价格提高所导致的产量下降就越少。所以一个企业的竞争者的市场份额越小,该企业所面临的需求弹性就越低,其市场力就越大[76]。

可见,企业的市场份额和竞争者的供给弹性也具有关联性。企业的市场份额越大,竞争者表现出的供给弹性越低,对在位企业实施市场力的效果影响较低。这是因为影响竞争者供给弹性的主要因素有两个:技术和原始积累。而市场份额和原始积累是呈正相关的。这点在大数据驱动型市场中尤为突出。在原始积累方面,在位企业在长期的历史经营活动中占有大量的数据和资金,而且在各相关市场都具有极高的市场份额,从而不断地获得大量的数据资源和资金。在技术方面,数据收集和分析所需的技术精进需要大量的数据和资金,而这些又和原始积累相关。显然,在大数据驱动型市场中,市场份额低的竞争者或新企业想通过原始积累和技术来提高供给弹性,降低在位企业的市场力具有一定的难度。

市场需求弹性、企业 i 的需求弹性和市场份额间关系:

$$\epsilon_i^d = \epsilon_m^d/S_i + \epsilon_j^s(1-S_i)/S_i \tag{2.1}$$

因此,在反垄断执法过程中,往往会考虑市场规模和反垄断行为之间的互动性[76]。一个企业在特定市场上占有相当大的市场份额,就可以推定该企业具有市场支配地位[79]。德国《反限制竞争法》规定,当企业的市场份额达到 40% 时,可以推定其具有市场支配地位;韩国《规制垄断与公平交易法案》(Monopoly Regulation and Fair Trade Act)第四条规定,企业市场份额达到 50% 以上可以推定为具有市场支配地位;《中华人民共和国反垄断法》第二十四条规定,企业在相关市场的市场份额达到 50% 就可以推定其具有市场支配地位。

2. 大数据在不同的相关市场会催生市场力

根据价格理论和需求弹性理论,如果在位企业通过占有大数据可以提高价格到竞争水平之上,而无须担心消费者的急剧减少,则说明该企业所提供的产品或服务对于消费者来说,具有较低的需求弹性。出现这种情况的,可能有两种原因:第一,该企业所提供的服务或产品对用户来说具有较高的必需性;第二,市场上缺乏足够的替代品。这二者也可能同时存在。从大数据密集型或驱动型企业的市场结构来看,与数据有关的至少有三个相关市场(表2.1):广告市场、用户服务市场、大数据产品市场。

表2.1 大数据在不同相关市场的市场力作用机理

相关市场	大数据社会属性	大数据产生市场力	是否垄断
广告市场	生产要素	√	卖方垄断
用户服务市场	生产要素	√	卖方垄断、买方垄断
大数据产品市场	产品	√	卖方垄断

(1) 大数据在广告市场会催生斯蒂格勒市场力

大数据驱动型或密集型企业的商业模式是通过向用户"免费"提供服务收集用户数据,同时通过用户数据在广告市场营利。在发展初期,广告市场是企业的主要创收来源。在广告市场,大数据作为信息资源,是一种重要的生产要素。在位企业强大的用户群,促使广告商愿意将大量的资金投给在位企业,从而为在位企业提供充足的资金。高额的市场利润不断吸引新企业进入市场试图瓜分相关市场份额。迫于竞争的压力,在位企业在发展初期,会将在广告市场的创收继续投入用户服务市场进行创新,提高用户服务市场的服务质量。在这个发展阶段,受市场竞争和内在扩张的驱动,企业会不断地通过大数据和资金优势,进一步提供更有针对性的服务,从而不断巩固其在消费者服务市场的支配地位,直到市场中没有足够的替代品。用户服务市场的可替代品缺失,导致广告商对该企业的产品需求弹性降低。出于利润最大化的内在驱动,在位企业会将价格提高到垄断水平。如果这时,在位企业无须担心销售额的急剧下降,那么在位企业在广告市场就具有足够的市场力,或者说就具有垄断力。

由于没有竞争者的压力,大数据控制企业可以限制自己的广告版面,提高广告价格,从而获得利润最大化。可见,大数据控制企业在广告市场具有斯蒂格勒市场力。

(2) 大数据在用户服务市场会催生贝恩市场力

再反过来看用户服务市场,在发展初期阶段,迫于市场竞争的压力,在位企业会将通过广告市场创收的资金,以及原先积累的大数据优势,继续投入用户服务市场质量提升上,以吸引更多用户。但由于大数据带来的聚合效应和网络效应,在位企业很容易获得规模经济,而新企业缺乏足够的大数据对消费者消费偏好进行分析,难以提供相同精准的服务。更重要的是,由于大数据的双重社会属性(既是信息资源,又是信息技术),在位企业通过大数据分析,可以对未来的发展趋势进行预测,创建新的服务和产品,从而吸引更多的用户。新企业也难以通过提供差异化的产品或服务占据市场。

受巨大利益的驱动,为了阻止其他企业进入市场瓜分利润,在位企业会设置进入壁垒以排除新企业进入市场,比如和用户签署排他性协议、实施技术障碍阻止其他企业收集数据等。由于用户的稀少和数据信息资源的缺乏,新企业所面临的市场进入壁垒就很高。这时,占有大数据的在位企业就获得了贝恩市场力,即通过拒绝向竞争者提供原料,或提高竞争者的成本而获得利润的能力[77]。

可见,在大数据驱动的广告市场,在位企业具有明显的斯蒂格勒市场力;而在用户服务市场,则具有较强的贝恩市场力。另外,随着市场中可替代性产品逐渐减少,用户对在位企业的服务需求弹性降低之后,大数据控制企业在没有面临生或死的市场生存环境下,就会试图将用户服务市场的利润最大化,比如将用户数据用作其他用途、降低服务质量、降低用户隐私保护成本等。由此可见,当市场缺乏足够竞争时,在用户服务市场,大数据还会催生较强的斯蒂格勒市场力。

(3) 在大数据产品市场会同时催生两种市场力

除了在广告市场和用户服务市场,当在位企业获得了大量的用户数据之后,对其进行开发和再利用时,大数据不再作为生产要素,而是作为一种独立的产品,形成了新的相关市场——大数据产品市场。在大数据产品市场中,在位企业由于拥有巨大的数据和先进的技术,对数据进行分析的结果更具精准性。再加上算法技术的提升需要大量的数据,在位企业无论是在原始数据、数据产品,以及数据开发技术等方面都更具有优势。以 Linkedin 为例,Linkedin 将其所控制的数据进行开发形成职业大数据产品。在职业大数据产品市场中,没有具有相同竞争力的可替代性产品,消费者对 Linkedin 的职业大数据产品需求弹性极低。这样,Linkedin 就可以通过限制自己的产量来提高价格从而获得利润最大化,具有很强的斯蒂格勒市场力。

另外,如果试图购买大数据产品的是在位企业的潜在竞争者,在位企业为了拒绝潜在竞争者对数据的获取,往往会通过拒绝交易大数据产品来阻碍竞争者进入市场。潜在竞争者由于无法获得相应的数据资源,难以提供与在位企业同等竞争力的服务或产品。因此,在大数据产品市场,在位企业还具有较强的贝恩市场力。由此可见,根据垄断类型的分类[①],大数据占有者既是卖方垄断者,也是买方垄断者。

在广告市场、用户服务市场和大数据产品市场,大数据占有者作为生产方和销售方,享有极强的市场力,是典型的卖方垄断者。更值得一提的是,在用户服务市场,由于用户在使用"免费"服务时是通过提供自己个人数据为支付对价的,实际上是出售了自己的个人数据。

---

① 经济学上,一般将垄断分为卖方垄断和买方垄断。卖方垄断是指一个或多个市场中只有一个卖方;买方垄断是指卖方很多但买方只有一个的市场类型。

由于用户服务市场没有可替代性的服务供消费者选择,用户只能将自己的数据出售给在位企业换取服务。在这种情况下,在位企业作为用户数据的买方就具有了垄断性。这时,如果在位企业希望将其利益最大化,就会降低用户数据的价格而不用担心流失用户及其所提供的数据,因此在用户服务市场,在位企业还是典型的买方垄断者。

2.3.2 基于市场力界定的合理性

1. 大数据驱动型市场力的效率损害

在一个竞争充分的社会中,由于每个市场都有足够多的买家和卖家,市场中的每个卖家决定生产多少产量不会对价格产生影响[68]。但垄断者却不同。在一个相关市场中,如果一个企业控制了商品的生产时,就很容易选择降低产量和提高价格。不能支付更高价格的消费者只能将资金转投到其他地方,因此引发了其他商品的生产。而这些商品是在完全竞争环境下,消费者所不需要的。因此,垄断对产量的限制导致资源被转移到低价值的企业中[69]。这样,一部分社会财富就被浪费了。

由此可以看出,一个缺乏充分竞争的市场,就很可能面临生产效率低下的风险。在大数据驱动的市场中,由于大数据可以催生不同的市场力,在位企业很容易在不同相关市场通过控制产量来实施对价格的控制。新企业要么放弃进入市场,要么需支付更高的成本。但大数据开发固定成本高,边际成本低,这都迫使新企业投入大量的物力和人力进行大数据技术开发,对于有限的社会资源来说,是一种浪费,这些重复开发和收集用户数据的资源完全可以用于其他生产中。对于用户来说,市场中没有其他的可替代性产品,他们对在位企业的服务或产品需求弹性太低,只能接受在位企业以低价格收集其数据,"容忍"在位企业对数据用作其他目的,甚至由于信息不对称,对个人数据是否被用作其他用途也无从知晓。大数据在用户服务市场、广告市场、大数据产品市场所产生的市场力,都会导致消费者福利损失。实施这两种市场力中的任何一种都将降低分配效率,将消费者福利转移到实施垄断力的企业中。

2. 大数据驱动型市场力的消费者损害

在一个竞争充分的环境下,由于市场中存在很多生产者,消费者能够在不同生产商中进行比价。如果企业定价过高,就可能面临产品卖不出去的风险,因为消费者能够从其他企业买到商品。但如果在市场中缺乏足够的生产者,或者消费者缺乏足够的信息,那么生产商提高价格的风险就会发生。由于优先占有信息资源会带来相关财富,因此,当信息资源被独占或被控制的时候,相应的利益就会被垄断。

信息不对称所带来的消费者利益损失在大数据驱动型市场中尤为突出,在位企业与广告商、用户之间存在严重的信息不对称。导致这种信息不对称的主要根源在于信息资源配置的不平衡,这种不平衡既体现在大数据控制企业和竞争者之间,也存在于大数据控制企业和数据主体(用户)之间。无论是在广告市场、用户服务市场,还是大数据产品市场,买家都缺乏必要的信息。在用户服务市场,企业将单个的用户信息聚合在一起,对用户具有较为全面的了解,并就相同的产品收取不同的价格。和传统市场不同,用户难以察觉自己被价格歧视了。在大数据产品市场,在位企业是大数据产量的控制者,买方对大数据产品的质量、价格都缺乏足够的信息,因此在位企业很容易利用信息不对称实施歧视性定价或降低大数据质量。

可见,大数据在不同相关市场能够催生强大的市场力,从而控制价格、降低生产和分配效率,损害社会福利。如果从独占的视角将大数据垄断者界定为"控制所有大数据的企业,即享有大数据独占权的唯一提供商",显然不符合大数据的多重社会属性和市场结构特征,不利于大数据的充分应用。基于此,应从市场力视角进行界定。

2.4 概念界定的应然选择

虽然大数据具有非竞争性,理论上大数据控制企业难以排除其他企业对数据的收集和使用,但由于大数据的固有属性和大数据驱动型市场结构特征,大数据独占存在现实的可能。因此,将大数据垄断限定为对大数据的独占,并主张赋予大数据控制者数据专有权来解决大数据竞争问题,忽视了大数据驱动型市场的结构特征以及与大数据固有属性之间的交互机制,不利于大数据准入和应用,而大数据应用是各国开发大数据技术的主要目标,也是大数据赋能经济发展的主要手段。如果采用权利法创设大数据所有权,赋予控制者某种所有权,不利于大数据流动。对作为消费者的数据主体来说也有失公允,因为无论是原始数据、观测数据还是衍生数据,数据主体作为数据提供者,对数据价值应该享有利益共享的权利,尤其是对原始数据和观测数据应该享有更多的权益。因此,从大数据应用赋能经济发展,以及数据主体和数据控制者之间的利益平衡目标实现来看,应从市场力的视角进行界定,将大数据垄断界定为"企业基于大数据实施价格控制和限制、排除竞争的市场力"。

第 3 章
大数据垄断的行为类型

虽然各国反垄断法在规制内容和程度上存在差异,但在价值目标方面具有一致性,例如预防和制止垄断行为、保护市场公平竞争、提高经济运行效率,以及维护消费者利益和社会公共利益等。从各国反垄断执法来看,反垄断法规制的不是垄断本身,而是垄断行为,主要包括垄断协议,滥用市场支配地位,具有或者可能具有排除、限制竞争效果的经营者集中三种。其中,滥用市场支配地位具体包括以不公平的高价销售商品或以不公平的低价购买商品;没有正当理由,以低于成本的价格销售商品、拒绝与交易相对人进行交易或限定交易人只能与其进行交易或者只能与其指定的经营者进行交易、对条件相同的交易相对人在交易价格等交易条件上实行差别待遇等。这些行为在大数据垄断中具体表现为拒绝大数据交易、对消费者实施价格歧视、在大数据交易中搭售其他产品(比如大数据分析工具等)或捆绑协议,以及排除限制市场竞争的经营者集中等行为。

受益于互联网的发展,大数据垄断者大多为具有平台性质的互联网企业,具有较强的规模经济和网络外部性特征。根据传统经济学理论,如果单独审视这些特征,没有一个是数字市场所特有的,在传统市场中也会出现。但恰巧这些特征的结合使得数字市场碰到的竞争问题尤为突出,需要重新分析数字市场的市场结构和市场力。

尤其是，数据优势、零边际成本、极低的经销成本，为这些企业带来了极强的网络效应、范围经济和规模经济[24]。在传统市场中，可能存在规模经济、范围经济、网络外部性等某个特征较为突出的现象，但在数字市场中，每个特征都极为突出，这使得数字市场中的垄断者极具市场力。这种市场力不仅体现在某个相关市场内，企业间的竞争也不仅局限在某个相关市场内。为此，数字市场很容易出现寡头垄断或双寡头垄断的现象。

纵观数字市场，很多最具创新的互联网企业，例如搜索引擎、社交网络以及电子商务等领域都出现了高度垄断现象，多年被1～2家企业垄断(例如 Google、Amazon、Facebook、腾讯、百度、阿里巴巴)。在如此高利润回报率的产业中，新进入者却寥寥无几，导致该种结果的原因可能有两种：第一，该市场具有较高的市场准入壁垒；第二，市场存在反竞争行为阻止新企业进入。当然，这两种情况也可能同时存在[24]。关于数字市场的网络效应、范围经济和规模经济下的市场准入的壁垒，在前文已有论述，本章不再赘述。本章集中探讨数字市场中大数据垄断者的反竞争行为。

在数字市场中，市场结构特征使得大数据垄断者的反竞争行为呈现出新的特征，最典型的是大数据垄断者在实施垄断行为时，较传统市场更容易和隐蔽，对垄断行为的损害进行救济也更难。从我国反垄断法规制的市场行为来看，垄断行为的三大类型(垄断协议、滥用市场支配地位以及经营者集中)用来分析大数据垄断行为仍然具有可实用性，但大数据及算法等带来的垄断行为，有些难以被既有的反垄断规则体系消化和吸收，比如就事前规则而言，先发制人式并购(Pre-emptive Merger)便是数字经济领域要反垄断法予以回应的突出问题[80]。因此，在对大数据垄断规制进行有效制度安排之前，对典型的大数据垄断行为进行类型化分析具有一定的必要性。如果单独审视大数据垄断者实施的某种具体反竞争行为，在传统市场也存在,但是由于大数据以及算法技术的发展,大数据垄断者实施的反竞争行为呈现出新的特征,对竞争和消费者损害效应值得反垄断执法部门的高度关注,比如大数据驱动型经营者集中、封锁数据准入行为以及价格歧视,因此本书将主要分析这三种垄断行为。需要特别指出的是,由于本书是基于数据准入为切入点,主要研究大数据垄断对数据准入的封锁,从而损害竞争和消费者福利,所以对这三种垄断行为进行研究时,主要是围绕对数据准入封锁展开,包括大数据驱动型的价格歧视,也侧重分析价格歧视对大数据垄断的强化效应和对数据准入的进一步封锁。笔者认为,这是大数据驱动型价格歧视和传统价格歧视的重要区别之一,也是为何本书在后面提出制度安排时,未就价格歧视单独构建一种规制路径的主要原因。

3.1 大数据驱动型经营者集中

3.1.1 大数据驱动型经营者集中的特点

1. 大数据驱动型经营者集中激增

大数据对具有高价值的新知识和新信息的获取为企业带来了巨大的经济效益。在利益驱动下,占有市场地位的企业会先发制人收购实际或潜在的竞争对手,其中并购大数据密集型企业被视为巩固或加强市场竞争力的一种主要战略手段,尤其是对初创企业的并购。OECD根据Orrick提供的数据统计发现,美国以大数据为驱动的经营者集中在2008—2012年显著上升,其中Microsoft在2012年是收购大数据公司最活跃的企业,其次是Oracle[64]。2008—2018年,美国三大数据驱动型企业Amazon、Facebook和Google分别收购了60家、71家和168家公司,也就是说几乎每年分别收购5～15家企业。而且,三大公司的并购都呈现了一个相同特征,即所兼并的企业大多是非常年轻的企业,近 60% 被兼并企业年龄只有 4 年甚至更短,其中 Amazon 所并购的企业平均年龄是 6.5 年,Facebook 和 Google 分别是 2.5 和 4 年。在兼并的企业中,大部分是和自己经营同质产品或服务的企业,或提供互补产品的企业,如人工智能和数据分析的企业[81]。由于所兼并的企业都是年轻的初创企业,其未来的发展变化和潜力具有不确定性,因而对传统的并购审查制度提出了挑战。

2. 大数据驱动型经营者集中交易额与营业额占比高

占有市场地位的企业出于防御或者占有市场的目的,往往在发现潜在竞争者时就通过并购的方式将其扼杀在摇篮中。由于大数据已成为企业的关键资源,因此并购数据密集型企业成了大数据垄断者巩固和加强市场地位的主要手段之一。从 Google 等几大数据寡头所兼并的企业来看,一半以上是非常年轻的初创企业,其中许多是数据密集型企业或者提供数据相关服务的企业,比如人工智能或者数据分析公司就有 42 家[81]。对于这些初创企业来说,可能尚未产生营业额或营业额较低,即便如此,大数据寡头也愿意支付高额的费用来收购这些企业。

在 Google、Facebook、Amazon 等企业并购案中,法院只在部分并购案中将大数据作为关键资源进行了竞争效应的分析。其中,除了 2016 年 Verizon/Yahoo 并购案交易额和营业额几乎相等之外(表 3.1),在其他的几个并购案中,交易额是被兼并企业营业额的 10 倍及以上,其中以 2014 年 Facebook 收购 WhatsApp 最为显著。在 2014 年并购通过前,WhatsApp 2013 年的营业额大约在 2 000 万美元,但是 Facebook 以高达 190 亿美元完成了对 WhatsApp 的收购,令业界震惊不已。

表 3.1 大数据驱动型经营者集中交易额与被兼并企业营业额对比①

案例	被兼并企业营业额	交易额	比例	被兼并企业成立时间
Microsoft/LinkedIn（2016 年）	26.97 亿欧元	262 亿美元	近 10 倍	2002 年
Apple/Shazam（2018 年）	4 500 万欧元	4 亿美元	近 10 倍	1999 年
Verizon/Yahoo（2016 年）	44.78 亿欧元	44.8 亿美元	相等	1995 年
Facebook/WhatsApp（2014）	2000 万美元[82]	190 亿美元	950 倍	2009 年
Facebook/Instagram（2012 年）	0 美元[83]	7.15 亿美元	—	2010 年
Google/DoubleClick（2007 年）	1.5 亿美元[84]	31 亿美元	20 多倍	1996 年

另外，从几个案例的交易情况来看，被兼并的企业越是成熟发展和年龄较长，营业额和交易额之间差距越小。相反，被兼并的越是年轻的企业，越是数据密集型企业，交易额和营业额的之间差距越大。这在一定程度上可以理解为发展成熟和年龄较长的企业价值潜力已经得到挖掘，因此营业额一般来说可以较好地反映该企业的价值或未来的发展潜力。但对于初创企业来说，尤其是像 WhatsApp 和 Instagram 这种数据密集型的初创企业，其数据所带来的价值还在"变现"（monetize）的过程中，尚未产生营业额或产生的营业额较低。这些初创企业拥有大量的用户数据，可以为 Facebook 这样的大数据垄断者提供具有功能性互补的数据，而数据融合对算法技术的提升

---

① 表格中的相关数据，除了特别引注之外，其他均来自案例判决原文。

具有非常高的价值。这对原本就具有大数据竞争优势的企业来说如虎添翼。大数据寡头在并购之后,可以通过进入被兼并企业的大数据来提升自己竞争力,而这种竞争优势不是通过行使市场力所导致的结果,是并购后大数据为企业所带来的效率使得合并企业在服务质量方面胜人一等。也就是说在初期阶段,合并企业对竞争的限制主要来自服务质量,从而对用户造成网络效应和锁定效应①。

从竞争效应评估角度来看,这类并购在初期甚至是有利于消费者福利的,这也是很多并购案能够通过反垄断执法部门审查的主要原因。因此,评估该类型并购的竞争效应对执法部门来说具有一定的挑战性。执法机构需要对被兼并企业未来的发展进行预测和分析,而这些企业未来的发展前景如何尚未确定,甚至有些企业的商业模式本身就是为了吸引大型企业对其进行并购,并非有长远的发展计划。由此可见,虽然被兼并的企业营业额较低,但是其仍然会产生后期的反竞争效应。那么在大数据驱动型并购中,被兼并方的营业额就不足以充分反映该企业未来的发展潜力,或无法体现当下的潜在价值。这样,在以营业额为并购事先申报标准的国家,大数据驱动型并购就很容易成为反垄断事前控制的漏网之鱼。

3. 大数据驱动型经营者集中方式多样化

根据传统经济理论,并购可以分为横向并购、纵向并购和混合并购三种类型。横向并购主要是指具有直接竞争关系企业间的并购。在纵向并购中,企业虽然不是直接竞争关系,但并购的一方是另外一方的供应商。而在混合并购中,企业可以是没有任何经济关系的双方,也可以是类似于纵向并购或横向并购的关系,例如合并方是某个

---

① 企业合并后通过数据聚合,可以更精准地提供个性化服务,从而提高用户黏性。反过来,用户黏性又为企业提供了更多的数据,这种间接网络效应使得企业更具竞争力。在此基础上,企业会通过技术、数据存储格式等设置数据准入障碍,用户难以转向其他服务商。出于服务转化成本高及网络效应,用户转向其他服务商的意愿比较低,这样企业就提高了对用户的锁定效应。

相关市场潜在的进入者,那么就和横向并购的某些特征相似,又如合并方的消费者恰巧是另一合并方的供应商,这就会产生类似纵向并购的问题[69]。在三类并购中,其中纵向并购和混合并购又称为非横向并购。由于横向并购是存有直接竞争关系企业间的合并,横向并购方式对竞争阻碍表现得更为直接,更容易受到反垄断执法部门的关注。而传统经济学理论认为非横向并购不会降低竞争,相反纵向并购和混合并购可以提高经济效率[85]。

由此,各国反垄断执法部门对非横向并购表现出更高的容忍度。从 Amazon、Facebook 以及 Google 并购的企业来看,Amazon 和 Facebook 更热衷于并购提供同质服务的企业,比如 Amazon 喜欢收购电子商务或网络购物企业,Facebook 喜欢并购社交媒体或者社交网络企业。从表面上来看,这些交易更应该受到竞争法的关注,因为它们更具横向并购的特征,更容易表现出阻止竞争者成为威胁的意图或效应。但是,Amazon、Facebook 和 Google 的绝大多数并购都没有明显的横向并购特征,被兼并的企业来自不同的经济领域,这些企业提供的产品经常是 Amazon、Facebook 和 Google 的补充产品,这体现了数字公司的商业模式的复杂性。比如这些公司会收购网络、移动通信等公司,因为这可以帮助它们将竞争力从台式电脑转移到移动设备的用户。Amazon、Facebook 以及 Google 还喜欢投资那些具有高级数据分析技术的公司。Amazon 可以通过这些技术来按需求管理库存,Facebook 可以提供定制内容和广告,Google 则可以改善其算法技术和提供更精准广告服务。

但在以大数据为驱动的并购中,大数据垄断者与提供补充性产品或服务的企业合并时,可以通过大数据优势剥夺直接或潜在竞争者改善服务和挑战自己的机会[81],还可以通过国内外的混合并购将其市场力不断传导到完全不同的商业领域,比如电动汽车或金融服务领域[86]。在以大数据为驱动的并购中,非横向并购越来越成为垄断者所青睐的并购方式。比如 Google 和 Facebook 所收购的企业中占较大比重的是人工智能或者数据分析公司,因为该类企业可以为 Google 和 Facebook 的数据分析提供更高的技术支撑。数据显示,Google 在混合并购中表现得非常活跃,所兼并的企业许多都来自其他产业[81]。以 Facebook 和 Comcast 的合并为例,双方所提供的产品不是直接的竞争关系,如果按照传统非横向并购的相关规定,很容易通过并购审查[51]。但是这两家企业都是数据密集型企业,而且都独占性控制了高价值的特定种类数据。

鉴于功能性互补的数据聚合对人工智能分析更有价值[87],合并数据之后企业可以开发新产品,提供个性化的服务,而这些是无法准入数据的企业所不能与之竞争的。并购后,企业可以利用数量更大、质量更高的大数据来提高用户黏性。如果并购企业还是处在不同上游或者下游市场的支配企业,那么对市场封锁效应则更强。正因如此,控制了大量用户个人数据的网络服务商会倾向收购网络、移动通信公司或软件提供商以确保可以获取更多的用户数据[48]。因此,大数据驱动型并购所带来的防御效应不仅限于网络平台或者消费者直面的企业[88]。当大数据驱动型并购发生在处于不同产业的企业间时,并购很容易产生新型的垄断形态,甚至可能消除传统产业划分,最终催生巨无霸企业。但由于这些交易并没有清晰的横向并购所凸显的要素,被兼并的企业涉及不同的经济领域,而且所提供的产品和服务是互补的,为此增加了审查的难度。

4. 大数据驱动型经营者集中事后剥离较难

一个行之有效的并购制度应该包括有效的救济措施,如果在推进并购顺利进行的同时,还要保护消费者利益的话,那么辅以适当的救济措施就很有必要。为此,美国 2004 年颁发了《并购救济政策指南》(*Antitrust Division Policy Guide to Merger Remedies*)并于 2020 年对此进行了更新,发布了新版《并购救济手册》(*Merger Remedies*

Manual），欧盟也制定了《并购救济指南》（Merger Remedy Regulation，2008/c 267/01），我国在《经营者集中审查规定》中第四十条明确提出了相关的救济措施。从各国法律及实践来看，适当的救济措施包括结构性救济和行为性救济，具体表现为限制并购企业损害竞争、剥离财产，或限制企业行为。无论是采用结构性救济还是行为性救济，都具有相同的目的，即为了确保消费者不被反竞争行为损害[89]。

一般而言，结构救济涉及改变产权配置的结构性措施，包括完全或部分剥离一家正常运营的企业；行为救济则旨在限制合并企业产权的行为措施，包括合并方承诺不滥用某些可利用的资产或参加特定的契约安排[90]。两种救济方式主要表现为结构救济往往会要求并购企业出售固定资产、出售和许可知识产权等创建新的竞争者，而行为救济主要是针对并购企业后的商业行为展开，最常见的方式有设置防火墙、非歧视交易、强制许可、信息透明等[89]。在传统的司法实践和理论认知中，结构性救济被认为是解决横向并购带来的反竞争问题的有效措施，而行为性救济是解决纵向并购带来的竞争问题的有效方式。在适用位阶上，结构性救济优先于行为性救济。美国在2004年的《合并救济政策指南》中就明确指出，行为救济只适用于有限的环境中，不应成为并购案中广泛采取的救济措施。

但根据竞争损害理论，不同并购类型产生的反竞争效果不同，应该针对不同的情况采用不同的救济措施。例如，针对并购后出现的封锁问题，运用资产剥离等结构救济措施的效果可能不理想。如果采用行为救济措施，可能在降低并购产生的反竞争效果的同时，还能维持并购带来的效率[90]。另外，结构性救济是通过剥离产生新的竞争实体，但仅仅使剥离业务在相关市场上运营并不意味着就能够与集中后实体开展有效竞争[91]。为此，美国在2011年对《合并救济政策指南》进行了修改，其中最重要的一个修改就是对行为性救济作用和适用的肯定，提出行为性救济不仅仅是解决纵向并购导致的反竞争问题的有效途径，同时也是解决横向并购某些竞争问题的有效途径。

相较传统并购内容来看，这对于大数据驱动型并购来说更为突出，因为如果在企业并购后才发现其产生了严重的反竞争效应，那么一般采取的事后救济方式主要有资产剥离或者处以罚款。但对大数据驱动型企业并购来说，通过企业拆分进行资产剥离具有明显的消极性。首先，拆分企业具有很大的执行成本，需要投入大量的人力和时间，有些案件经历的时间太长，对企业的影响太大，容易造成企业和社会效益损失[92]。另外，即便拆分成功，是否能够降低反竞争效应和促进市场竞争也是个未知数。用于大数据算法分析的深度机器学习在获取更多数据之后，其算法技术可以进一步提升，算法结果更为精确，从而可以提供更具针对性的服务。尤其是在非横向并购之后，企业可以通过合并获得功能性差异和互补性高的数据集合，对企业在不同市场竞争力的提升具有不可逆性。和传统产业并购相比，对大数据驱动型并购后进行企业拆分更难消除企业现有市场力。

另外，世界各国对拆分企业持非常谨慎的态度。其中，"为消除企业合并而拆分企业"的情形原则上仅适用于违规的企业合并，且需要满足该适用要件，否则"即企业合并违反了法律规定，因反垄断法都为企业合并设定了一定的实质性和程序性要件，如果企业合并没有遵从这些要件，则构成违规合并"[92]。而目前，涉及交易额很高的大数据驱动型并购绝大多数都通过了反垄断审查，最终成功合并。如果在并购成功前，并购双方没有违反法律规定，都遵从了实质性和程序性要件，那么企业合并成功后，反垄断执法部门要将其拆分则没有充足的执法依据。如果对其处以罚金，对于大数据垄断者来说又缺乏足够的震慑力，因为大数据驱动型并购为企业带来的价值之大足以抵消罚金的震慑。因此，在此情境下，对于大数据驱动型企业的并购，事前控制显得更为重要。另外，相较其他设施，大数据驱动型企业并购后的反竞争效应审查除了时间冗长之外,大数据的特性导致即便对合并后企业进行拆分,也很难降低其大数据的竞争优势。

而且大数据驱动的并购方式多样化,就一个大数据垄断者来说,同时会进行同质服务或产品之间的并购、互补性产品或服务之间的并购,同一相关市场之间的并购和跨不同相关市场的并购。那么当一个并购涉及不同相关市场,或不同产品时,靠事后的结构性救济就难以对大数据驱动型并购的反竞争效应进行有效规制。因此,对并购带来的大数据垄断问题进行事前预防就显得特别重要。

3.1.2 大数据驱动型经营者集中的效应

1. 大数据驱动型经营者集中的竞争损害

一般来说,企业可以两种并购方式来阻止竞争者的发展。一是采用直接的方式,即通过收购实际或潜在的竞争对手。二是通过间接的方式,对提供互补性服务或者产品的企业进行收购,这样可以阻止与自己有直接竞争关系的企业提供自己的服务或产品,以便于在位企业发出挑战[81]。在位企业对初创企业并购的兴趣来源很多,比如希望从并购企业中获取技术、高技术人才等,但是这种并购也有可能是出于排除潜在竞争者的目的。对一个具有潜在竞争的企业,在其发展初期就对其进行收购,可以避免其发展为强大的竞争对手,这样就可以继续保持在市场的龙头地位。这种情况在数字市场特别明显。如果这种危险可以通过并购来消除,那么在位企业不会停止约束其市场行为和实施其市场力[81]。

在很多传统市场中,当一个市场支配者并购一个创新型新企业时,由于新企业市场份额较低,或并购导致的横向覆盖抵消了市场影响力,并购对市场结构所造成的影响相对较低。但在大数据驱动的市场,如果被兼并的企业拥有大量的数据,那么并购就可以促使支配企业准入不同的数据和提高数据的集中度[49]。如果并购发生在两个对特定数据享有独占性控制权的企业间,并购对企业市场力的加强更为明显。在非横向并购中,由于合并企业所占有的数据具有高度异质性和功能互补性,对支配企业来说是非常具有价值的资源投入。正因如此,垄断者为了巩固现有的市场地位,更青睐于大数据驱动型并购。为此,并购所产生的市场防御效应在大数据驱动型并购中更为常见。

除此之外,如果并购发生在对竞争性数据享有控制权的两个企业之间,还可能产生特有的竞争问题。相较于新企业来说,大数据垄断者本身就更具竞争力,会自然提高市场准入的门槛,这种效应同时体现在对公开数据和不公开数据获取上。如果数据是可以公开获取的,市场占有者因已开发复杂的分析技术,新进入市场者如果要获取和分析这些数据,也需要投入大量的资金和人力来开发数据获取或分析技术。如果数据是不可公开获取的,而市场占有者已率先收集和分析了数据,新进入市场者要与之竞争会更加困难,且成本更高、耗时更长[16]。如果大数据垄断者再实施纵向并购和混合并购,大数据为其所带来的竞争优势将是新企业所无法超越的。如果数据还是某相关市场的关键投入时,垄断者很容易通过并购来控制数据收集渠道,从而建立新的市场力。

在 Nielsen Holdings/Arbitron 案中,美国公平贸易委员会(FTC)称,合并会减少未来市场的竞争,因为两家公司都拥有大量的电视用户数据。为了降低数据并购的限制竞争效应,美国公平贸易委员会要求 Nielsen 将 Arbitron 数据免费许可给 FTC 批准的其他数据购买者长达 8 年,以便这些企业可以成功开发与 Nielsen 相竞争的产品[93]。

并购企业还可能会利用数据驱动的市场力在相邻市场获得竞争优势。尤其,在混合并购中,并购方因为经营不同的产品或者服务,并购双方的数据集合可以用于不同产业,因而对并购双方的原生市场竞争产生封锁效应。除此之外,并购也可能为被兼并企业带来竞争优势[48]。再以 Facebook/Instagram 案为例,Instagram 在 2012 年被 Facebook 收购时,只有 3 000 万名的用户,尚未产生营业额①。但是在 2017 年,Instagram 的用户已经达到 7 亿名用户[94],2018 年广告收入达到 68 亿美元[95]。而反观 Facebook,在并购发生时营收为 580 亿美元,但是到 2017 年营收已经达到 4 000 多亿美元[94]。如果 Facebook 和 Instagram 的并购没有通过,那么这两个公司现在很可能是美国社交网络服务市场最大的竞争对手[96]。

因此,在这类并购案中,应该特别审查大数据在其中发挥的作用,以及并购双方的战略目标是否试图通过数据聚合来提高竞争障碍。如果是,就需考虑有效的救济措施[9]。基于此理论,大数据驱动型并购应该受到竞争执法机构的密切关注。

2. 大数据驱动型经营者集中的消费者损害

在大数据驱动型并购造成竞争损害之后,市场由于缺乏充分的竞争,企业很容易实施消费者侵害。大数据驱动型并购对消费者造成的最直接损害就是价格歧视。企业在并购后可以获悉对方的定价,实现价格共谋。加之,合并后企业的数据体量和维度得到进一步的拓展,通过算法技术的提升可以更了解消费者的消费习惯。例如,不同消费者能够接受的最高支付意愿是多少,从而对不同的消费者实施价格歧视。事实上,很多企业已经通过数据向不同消费者收取不同价款。例如,Amazon 在同一时间就同样商品对不同消费者收取不同的价格[97]。Uber 会向晚上乘车的女性收取更高的费用,他们认

---

① Instagram 和 Facebook 等网络平台一样,具有典型的双边市场特征,其营利模式是建立在用户的"关注度"上。在双边市场中的一边,即"服务市场",通过向用户提供免费服务来获取"关注度",在另一边"广告市场",则通过用户的"关注度"来吸引广告商投放广告,从而营利。广告市场的盈利取决于服务市场的关注度多少。对于很多年轻的企业来说,虽然已经具有一定的关注度,但用户数据可能还在"变现"的过程中,尚未产生营业额。

为女性晚上不愿意独自走路并且愿意支付更高费用。最重要的是,这种基于行为的价格歧视很容易实施,却不容易被消费者发现,而这种价格歧视行为都是企业所控制的数据和算法技术所致[98]。

另外,基于消费者行为的价格歧视已逐渐从互联网产业发展到传统制造业。在汽车行业,汽车制造商通过消费者行为数据可以实施价格歧视。在前数字时代,汽车制造商对汽车离开展厅后的信息几乎一无所知。但在数字时代,汽车制造商由于对自己品牌的汽车数据具有独占性控制权,在其品牌汽车的数据市场中处于垄断地位,是该汽车数据市场的定价者。他们在计算数据垄断价格的同时往往会考虑消费者的价格敏感度[99]。因此,大数据驱动型并购导致诸如价格歧视等消费者损害也应该引起反垄断审查机构的注意。

3.2 封锁大数据准入

新企业进入市场面临较高的技术成本和法律成本,处于竞争劣势地位。在数据驱动市场中,基本都是由1~2家龙头企业占据市场,且这种态势愈来愈明显。有研究发现,大数据驱动的产业被风投公司认为是"死亡地带",不愿意投资[24]。控制大数据的企业没有动力许可大数据。即便对象不是竞争者,也没有动力开放和共享其控制的大数据。Facebook就以保护隐私为由拒绝研究人员、学者和记者进入Facebook用户页面收集数据。由于研究人员等无法进入Facebook的数据,政策制定者只能根据Facebook自己的分析结果来制定相应政策[100]。因此,有必要制定相关政策促进数据准入。如果缺乏政府的干预,相关市场竞争会受到损害。在某些特定的情境下,强制要求大数据准入可以降低垄断者市场力的扩大[38]。

3.2.1 封锁大数据准入的主要类型

由于大数据是企业占有市场支配地位的核心资源,垄断者会充分利用大数据巩固和加强现有市场支配地位。其中,在不断扩大对消费者数据收集的同时,封锁竞争者准入数据就会成为垄断者的首选战略。为了阻止竞争者准入数据,大数据垄断者除了直接拒绝交易大数据之外,还会试图通过隐性的手段来封锁竞争者准入数据,比如直接拒绝交易大数据、签署排他性协议、实施捆绑销售或搭售行为。

1. 直接拒绝交易大数据

拒绝交易是指企业拒绝与其他企业进行交易,或者通过收取高价格和提出不能接受的条件进行交易。某种意义上,捆绑或搭售、提供兼容性产品也是拒绝交易的行为,只不过表现形式具有一定的隐蔽性。由于大数据驱动型企业是建立在大数据基础上的,尽力保持大数据优势是企业的主要目标。为了保持大数据的竞争优势,企业会采取措施阻止竞争者或者潜在市场进入者准入数据,这就可能导致排他行为的发生[101]。例如,Facebook 为了赢得市场力,在 2008 年使用美国联邦刑法成功击败了一家年轻的初创企业 Power Ventures,因为 Power Ventures 试图将不同的社交网络平台互联起来。由于封锁竞争者的数据准入可以降低竞争,那么阻止竞争者数据准入就会成为垄断者选择的首要方式[24]。

对于大数据垄断者来说,直接拒绝交易大数据是封锁大数据准入的最简便办法。目前,大数据的所有权归属争议没有达成共识,大数据交易没有统一的相关法律规定可以参考,主要是由各个企业根据自己的管理章程实施。大数据垄断者选择和谁交易,是否要实施交易,以及以何种条件交易都具有很大的自由裁量权。由于大数据的"非竞争性"特征以及消费者隐私保护,相较其他资源,大数据垄断者在提出拒绝交易时理由更充分,比如大数据垄断者可以以消费者"无授权"或"没有征得消费者同意"为由,拒绝交易。以 Linkedin 案为例,Linkedin 就以保护消费者隐私为由拒绝继续向 hiQ 提供数据。

大数据垄断者拒绝交易数据的对象可能是上游市场竞争者的消费者,也可能是下游市场潜在的竞争者,甚至是其他相关市场的消费者。正如在 Euris/Cegedim[①] 案中,Euris 和 Cegedim 虽然不是医疗信息数据市场的直接竞争者,但是它们在医疗消费者关系管理软件市场是竞争对手,也就是 Euris 是 Cegedim 在相邻市场的竞争者。为了在相邻市场获得市场力,Cegedim 拒绝将其主要的数据库(OneKey)出售给 Euris 的客户。鉴于 Cegedim 在医疗信息数据市场中具有支配地位,该歧视性拒绝数据准入行为限制了 Euris 的发展[24]。可见,直接拒绝交易数据对大数据垄断者来说,是保持市场力的一种简便有效的做法。

2. 签署大数据准入的排他性协议

除了直接拒绝交易大数据之外,大数据垄断者还可以通过签署排他性协议来阻止竞争者准入数据,主要包括两种。第一,与数据主体(消费者)签署的排他性协议。第二,与第三方签署的排他性协议。对于大数据驱动型企业来说,数据是"石油"和创新引擎,而消费者是这引擎的主要来源。大数据垄断者阻止消费者同时使用其他服务可以达到两方面的好处。一方面可以不断充实自己的消费者数据量,另一方面可以减少竞争者的消费者数据。基于此,大数据垄断者就会试图与数据主体签署排他性协议,阻止消费者转换到其他服务商。大数据垄断者会通过提高消费者服务转换难度和成本,利用平台的规模经济效应等隐性手段,迫使消费者怠于转换服务。例如,社交网络平台会要求消费者在转换服务时,不能转移聊天记录等带有场景

---

① Cegedim 是法国最大的医疗信息数据供应商。

化的数据,只能带走自己主动提供的个人数据。而在很多时候,带有场景化的行为痕迹数据比数据主体提供的个人数据更有商业价值。

除了与消费者签署排他性协议之外,大数据垄断者会选择与自己的供应商签署相关的排他性协议。为了控制竞争者收集和分析数据,大数据垄断者会试图与另一关键供应商(算法技术)签署排他性协议,要求其不能向与大数据垄断者的竞争对手提供服务。通过该排他性协议,大数据垄断者的竞争对手在收据收集和分析工具上就处于劣势,即便研发了创新性的服务,但是由于在数据收集和分析上不能充分挖掘数据价值并将其"变现"。除了供应商,大数据垄断者还可能与竞争者的消费者签署排他性协议。在广告市场中,大数据垄断者通过与广告商签署排他性协议,禁止广告商同时在竞争对手投放广告[1],这样大数据垄断者可以进一步扩大利润优势,导致竞争者广告收入降低。这样通过两种排他性协议,大数据垄断者可以继续巩固其成本优势和利润优势,加强市场力。

3. 与大数据相关的捆绑销售

除了直接拒绝交易和签署排他性协议之外,大数据垄断者还可以通过搭售或捆绑销售其他服务或设施来限制竞争者进入市场,从而封锁数据准入。有些电子商务平台都与零售商签署捆绑协议,要求零售商如果要进入平台交易数据,必须同时使用电子商务平台的物流服务。还有些平台要求进驻商捆绑安装一些应用程序。所捆绑的程序是用来封锁平台潜在竞争者的。比如,微软就要求消费者捆绑安装 Internet Explorer 和 Windows Media Player。对于消费者来说,捆绑销售的产品搜索成本低,容易进入。相比之下,他们会选择

---

[1] 1950年,美国一家本地报纸拒绝广告商同时在该报纸和当地广播电台投放广告。该报纸对广播电台的广告实施监控,拒绝广播电台的广告商在该报纸投放广告。后来法院发现,报纸通过该行为,加强了其在当地广告市场的垄断地位,消除了广播电台对报纸的竞争威胁。

捆绑销售的产品,而不是第三方提供的产品[102]。

除了原始服务市场的搭售之外,大数据垄断者还会在大数据市场搭售数据分析服务。很多大数据垄断者在算法技术市场中也占有重要的市场地位。例如,市场上很多企业的算法技术都是在 Google 算法源代码基础上开发的。这样 Google 的数据分析服务也将处于更具优势的地位。垄断者实施捆绑销售可以将上游市场和下游市场的竞争者挤出市场,同时可以降低潜在市场进入者的利润,因为新企业将面临更高的进入成本结构和质量要求。实施捆绑销售,垄断者还可以进入一个新的市场,从该相关市场的在位企业夺取大部分的市场份额,将在位企业赶出市场。由于实施捆绑销售的企业可以将一个新市场中的在位企业赶出市场,提供单一产品的企业就会降低创新的动力[103]。另外,捆绑销售还能降低消费者的多栖性。因此,在数字市场中,物联网的出现使得捆绑销售策略对市场竞争能够产生至关重要的影响[24]。

3.2.2 封锁大数据准入的动机

无论是作为生产要素还是产品,大数据的价值增值能力和固有特征都使得大数据垄断者更有动力拒绝交易。尤其是,当大数据垄断者有能力纵向一体化①到下游市场时,拒绝交易的动机更强。鉴于大数据的预测功能可以开发新的需求市场,大数据垄断者很容易通过纵向一体化进入下游市场,提供新产品或服务从而营利。相比之下,大数据垄断者会拒绝交易,选择纵向一体化,主要有三方面的原因。

1. 纵向一体化的成本低、回报率高

一般来说,科技巨头都是特定种类大数据的垄断者。Facebook 是全球社交网络数据的垄断者,Linkedin 是职业社交网络数据的垄

---

① 纵向一体化是指企业在现有业务的基础上,向业务的上游或下游发展,形成产供销一体化,以扩大现有业务范围的企业经营行为。

断者，Google 则是搜索引擎数据的垄断者，这些企业除了分析所控制的大数据用于提升原有服务质量外，还可以将数据作为生产要素加工成独立的数据产品进行交易。如果生产的数据产品是有利可图的，那么这些企业就有意愿通过纵向一体化进入下游的数据分析市场。一般来说，追求利润最大化的垄断者决定是否拒绝交易，选择直接纵向一体化，主要取决于两方面的因素。第一，企业实施纵向一体化之后，在下游市场生产出来的终端产品价格是否高于所投入的生产成本。第二，企业纵向一体化产生的利润是否高于直接交易带来的利润[104]。

大数据开发呈现高固定成本和低边际成本的特征，这就意味着大数据垄断者在保障原有服务市场供给的基础上，进一步将大数据用于下游市场经营产品的成本很低，尤其是当大数据是下游市场产品经营的核心要素，比如大数据分析服务市场。在此情况下，大数据垄断者对所控制的大数据进行加工分析成产品，其成本极低①，但大数据产品带来的利润却很可观，这就满足了第一个关于"成本低于利润"的要求。另外，由于大数据垄断者掌握的原始数据都是第一手信息，其准确性比下游市场的其他企业从第三方购买②的大数据更高，大数据分析结果的质量和价值也会更高。大数据垄断者在大数据分析市场的产品就更具竞争力，回报率更高。出于低成本和高利润回报的考量，大数据垄断者会倾向选择拒绝交易，直接纵向一体化进入下游市场。例如，苹果的 iOS 操作系统的每一次重大更新，Apple 就使用自己的服务与第三方 App 开发者进行竞争。Amazon 喜欢直接从供应商那里进货畅销产品与平台的第三方卖家产生竞争，并将它们挤出市场。对那些需要更大力气才能增长销售额的产品，Amazon

---

① 很多时候，数据再开发的边际成本为零，经销成本也极低。
② 企业从第三方购买数据时，交易方对数据进行清洗时可能存在瑕疵。这种瑕疵既可能是主观原因造成，也可能是客观原因造成。

表现出的兴趣则更低[105]。欧盟最近对 Amazon 展开调查,看其是否不公平地使用进驻 Amazon 平台的商家数据来决定进入该市场[106]。在传统研发合作中,企业不是全部依赖合作者进行价值创造的,但大多数电子商务企业是完全依靠平台才能生存的,而且可供选择的平台很少[102]。

2. 可以巩固上游市场的垄断地位

当纵向一体化产生的利润不如直接交易产生的利润高时,大数据垄断者也有拒绝交易的动机,包括纵向一体化给大数据垄断者创造价格歧视的机会,纵向一体化可以提高上游市场的进入壁垒[107]或可以充分剥削上游市场的价值。微软就成功地纵向一体化进入电脑生产市场,并享有重要市场地位。以 Linkedin/hiQ 案为例,如果 Linkedin 试图进入数据分析服务市场的话,而 hiQ 如还能向前纵向一体化进入上游市场(职业社交网络服务市场),那么 Linkedin 为了巩固上游市场的垄断力,提高上游市场的进入壁垒或充分剥削上游市场的消费者剩余,即便纵向一体化所带来的利润不如与 hiQ 交易带来的利润,Linkedin 也会选择拒绝交易。如果 hiQ 还是下游市场垄断者的话,Linkedin 拒绝交易的动机会更大。另外,如果下游市场的交易对象是大数据垄断者上游市场竞争者的消费者话,大数据垄断者也有拒绝交易数据的动机。

这种情况不仅发生在互联网产业。在传统制造业,企业也逐渐开始利用数据优势纵向一体化到下游市场,试图控制下游市场的竞争。在智能汽车制造中,原产商通过调整汽车的设计,使自己成为本品牌汽车消费者数据的唯一控制者,并通过数据分析纵向一体化到汽车售后服务市场[99]。由于汽车原厂商控制了汽车消费者数据,对消费者的用车习惯具有更好的了解,在汽车售后服务市场,其他服务商服务的提供和提升依赖原厂商控制的消费者数据。在这种情况下,汽车制造商拒绝交易数据,选择纵向一体化可以在汽车售后服务市场也享有市场力。如果寻求交易的汽车售后服务商还是原厂商在上游市场的竞争者,如其他品牌的汽车制造商,那么为了防止下游市场的交易相对人通过数据准入加强在上游市场的市场力,汽车制造原厂商拒绝交易的动机就更大。这在电梯产业也同样存在。由于物联网的出现,电梯产业也开始尝试对电梯乘客的数据进行收集和分析,用于电梯内视频或音频广告的投放。如果电梯产业试图纵向一体化到广告投放产业,那么就具有拒绝交易大数据的动机,直接进入广告产业。

3. 跨界进入其他"不相关"市场

导致拒绝交易的另一原因是大数据垄断者可以利用大数据跨界生产和经营。垄断者可以通过大数据进入相邻市场,比如 Google 利用大数据垄断进入智能汽车制造。可见,大数据垄断者拒绝交易的对象既可以是上游市场和下游市场的消费者,也可以是相邻市场的企业。对此,学界又将拒绝交易分为纵向拒绝交易和横向拒绝交易,将纵向一体化的企业拒绝向下游市场的消费者(包括具有竞争关系和非竞争关系的消费者)进行交易的行为称为纵向拒绝交易,而横向拒绝交易则是指交易相对人在该相关市场既是企业的消费者,也是竞争者[108]。

可见,无论是从上游市场垄断力巩固、下游市场的市场力创建,还是相邻市场或"不"相关市场的考量,大数据垄断者在直接拒绝交易大数据,选择自己纵向一体化或跨界到其他产业的生产经营方面都具有强烈的内在动力。

3.2.3 封锁大数据准入的效应

垄断者可以采取不同的方式对大数据准入进行封锁。根据反垄断法规则,无论是直接拒绝交易,还是通过提供不兼容产品或搭售等隐性的拒绝交易行为都不再适用本身违法原则。对此,在大数据所有权归属不明晰的现实情况下,垄断者通过拒绝交易等行为是否要受到反垄断法的规制,还需要对该行为的竞争效应进行分析。

普遍认为，一个不具有市场支配地位的企业拒绝交易，不会产生违反反垄断法的风险。也就是说，能够引起反垄断法关注的拒绝交易需要具备一定的基本要素。首先，拒绝交易的企业必须是具有支配地位的企业，交易具有经济上和技术上的可行性。其次，拒绝交易的企业必须是不愿意以合适的条款或条件进行交易。最后，拒绝交易会对相关市场的竞争和终端消费者产生损害[108]。不过，即便拒绝交易主体是垄断者，还仍需对市场行为对象和目的进行区分，如拒绝交易主体和对象是否存在竞争关系。如果被拒绝交易对象是大数据垄断者的竞争者，则能够更加引起反垄断执法部门的关注。但如果存在其他两种情况，即使大数据垄断者拒绝交易对象不是其竞争者，也会引起反垄断执法部门的关注。第一，垄断者可以实施纵向一体化。第二，垄断者拒绝交易的产品或服务是某产品或服务生产的必要设施[109]。

大数据垄断者在不同相关市场都具有极强的垄断力，且大数据具有可重复使用和边际成本低的特征，垄断者实施大数据交易具有客观条件。但出于利润最大化追求和经营扩张，大数据垄断者具有强烈的拒绝交易动机，尤其是大数据垄断者可以纵向一体化到下游市场，甚至跨界到其他不相关市场，或大数据是下游市场产品生产的必要设施时，拒绝交易大数据对上游和下游市场的竞争以及终端消费者都会产生一定的效应。

1. 提高市场准入障碍

大数据垄断者可以纵向一体化到下游市场进行产品的生产，停止与下游市场原来的消费者交易，最直接的效应是会降低下游市场的竞争。虽然在某些特定情境下，纵向一体化也可以产生正效应，比如降低成本和价格，提高产量等。但通过纵向一体化，大数据垄断者可以在低成本的情况下将市场力和市场地位传导到下游市场，从而提高上游市场和下游市场的市场准入难度。

首先，拒绝交易会迫使上游市场和下游市场的投入资本以及技术要求不断提高[107]，从而减少潜在的竞争者。大数据垄断者为了能够纵向一体化到下游市场，可以通过直接拒绝交易、要求过高价格或提出不合适交易条件，迫使下游市场的消费者（包含竞争和非竞争关系）需要加大投入成本才能完成原来的生产经营。再加上目前大数据标准化建设的缺失，大数据垄断者可以通过提高大数据存储标准，导致大数据购买者需要提升大数据存储技术，这样就提高了下游市场产品生产的整个平均成本。其次，大数据垄断者进入下游市场与原来的交易对象变成直接竞争关系，有可能会提高下游市场最低的有效生产规模。大数据垄断者的竞争对手试图在市场上存活，需要占有更多的市场份额才能获利。

如果大数据垄断者提供的产品是一种生产要素或互补性的产品，还会损害上游市场的竞争。通过下游市场拒绝交易行为，降低了下游市场对上游市场竞争者产品的需求[108]。这点在广告市场很容易实现。大数据垄断者对竞争者的广告投放进行监控，发现广告商在竞争企业也投放广告，就终止与广告商的合同。广告商出于对大数据垄断者消费者数量以及精准广告投放的考量，会选择放弃在其他企业投放广告。由于广告是大数据驱动型企业的直接盈利来源，没有广告商投放广告，竞争者就难以在资金上与大数据垄断者竞争。这样，大数据垄断者通过拒绝交易行为可以控制广告市场的竞争，降低竞争者的资金优势。如果被拒绝交易的竞争者还没有在市场上产生一定的市场力，或是新进入的企业，那么大数据垄断者可以通过在广告市场的拒绝交易行为，限制排除上游市场的竞争，以巩固其市场力。

2. 降低创新动力

大数据垄断者拒绝交易除了提高市场准入障碍之外，还会降低下游市场的创新动力。传统经济学理论认为，动态创新和动态市场进入是长期保持消费者福利最重要的来源。而企业创新动力来自市场回报，该市场回报应是通过提供高质量产品获得，而非通过反竞争行为或垄断寻租获得。值得注意的是,驱动创新的市场回报不应只对市场赢家开放,对市场新进入者也同样开放[24]。如果新进入者无法从该市场中获得相应回报,就会停止对相关产品或服务的创新。大数据垄断者通过拒绝交易可以提高竞争者市场准入难度,同时也能降低竞争者市场回报,从而降低竞争者或新企业的创新动力。

由于大数据垄断者有能力封锁具有威胁性的新企业,新企业要成功进入市场的可能性就很小。面对这种形势,风投公司不愿意投资开发与大数据垄断者竞争的企业。以 Google 为例,风投公司会宁愿投资一个为 Google 专门解决技术问题的企业,而不会投资一个直接与 Google 竞争的企业。风投公司之所以投资意愿低,是因为该类型的企业没有能力成功进入市场。最终的结果是该产业中差异化创新会减少[24]。研究发现,随着 Google 纵向一体化进入其他相关市场,比如 Google 打算进入某应用程序市场,受影响的安卓 App 开发者就会降低创新,提高受影响 App 的价格。一旦 Google 进入,App 开发者会进一步降低创新,提高价格。这些开发者将创新转移到未受影响或者全新的 App 开发中。鉴于许多 App 都呈现了相似的特征,Google 的市场进入会降低整个社会的效率[102]。可见,整个市场的创新种类变成了由大数据垄断者根据自己的战略来决定,而在这个高度垄断的大数据驱动型市场中,颠覆性创新①就会大大减少。在这种情境下,大数据垄断者还可以进一步加强和巩固市场力。

除了降低竞争者的创新动力,拒绝交易还会导致大数据垄断者自身放缓创新的步伐。对于大数据垄断者自身来说,通过大量收集数据和其他资产成功地实现创新具有可行性。大数据垄断者会常规性地投入大量研发,开发新产品或服务。相较于竞争者,大数据垄断

---

① 颠覆性创新理论由美国哈佛商学院商业管理教授克莱顿·克里斯坦森(Clayton Christensen)提出,是指通过引进新技术、新产品或新服务,以促进变革并在市场中获得优势。

者由于大数据优势,更知道如何进行创新。但大量的理论实践证明,反竞争行为或市场力的巩固是延缓创新步伐的主要原因,因为在一个具有高度竞争的环境中,企业面对竞争者的压力时会"跑得更快",也会试图提供更好的产品[24]。但是在一个高度集中的市场,大数据垄断者由于缺乏外在威胁,会选择投入存在威胁的市场中。如果通过限制竞争者进入市场或者降低进入者的市场份额可以保持垄断寻租,那么投入大量资金进行创新的动力就会更低。

3. 损害消费者福利

企业拒绝与竞争对手交易,在短期或长期内会对消费者福利产生损害。如果大数据垄断者拒绝交易的大数据是终端产品生产的核心生产要素,那么拒绝交易就会导致终端产品无法生产,这就意味着阻止了新产品的出现。如果该产品又是潜在消费者所需要的,那么拒绝进入数据就会降低消费者福利。即便不是这种极端的情况,消费者在市场上还有其他产品选择,比如大数据垄断者纵向一体化之后所生产的产品,但是由于拒绝交易将竞争者排出在市场之外,消费者就丧失了基本的选择权,只能被动接受大数据垄断者提供的服务。如果大数据垄断者在上游和下游市场都是唯一的供应商,那么消费者就降低甚至丧失了与大数据垄断者议价的能力。实践告诉我们,出现超级垄断者之后,反竞争行为和消费者损害行为就在所难免,因此仅依靠企业的自律和在市场中的表现是不够的。

3.3 大数据驱动型价格歧视

3.3.1 大数据垄断者具有实施完全价格歧视的条件

价格歧视是指在成本相同的情况下,企业就完全相同或具有微小差异的产品对不同顾客收取不同的价格。企业实施价格歧视的主要动机是最大化剥削消费者剩余①。由于在现实生活中,相同的产品或服务对不同消费者来说价值不同,再加上不同消费者的收入水平、消费偏好不同,对相同产品或服务愿意支付的最高价格就会不同。对于企业来说,只要将价格定在产品的边际成本以上,就可以营利。因此,面对不同支付意愿的消费者,如果对支付意愿高的消费者制定高价格,对支付意愿低的消费者制定低价格,这样可以最大化剥削消费者剩余。根据歧视程度的高低,价格歧视可以分为一级价格歧视、二级价格歧视和三级价格歧视。一级价格歧视是指企业根据每个消费者支付的意愿进行定价,从而获得最大的消费者剩余,因此也称完全价格歧视,比如个性化定制价格(Personalized Pricing)。二级价格歧视是指企业对所提供的服务进行分类供消费者选择,比如航空公司提供不同等级的舱位或者根据其他特征设定不同的价格,消费者根据自己的喜好进行选择。三级价格歧视是指企业对消费者进行群体分类,并针对不同的群体收取不同的价格。由于在传统经济社会中,企业无法获得每个消费者的支付意愿,因此,一级价格歧视(完全价格歧视)是不可能实现的,只停留在理论探讨中,而三级价格歧视是最普遍的一种价格歧视[110]。

但是,根据价格歧视所需要的消费者信息量来区分的话,一级价格歧视对信息需求量最高,三级价格歧视次之,二级价格歧视最少②。如果价格歧视发生在一个垄断环境下,垄断者的利润也会同样随着所掌握的消费者信息量的降低而降低,因为垄断者获得的消费者信息越多,剥削的消费者剩余比例就越高[111]。由于价格歧视建立在对

---

① 消费者剩余(Consumer Surplus)又称为消费者的净收益,是指消费者在购买一定数量的某种商品时愿意支付的最高总价格和实际支付的总价格之间的差额。消费者剩余衡量了买者自己感觉到所获得的额外利益。

② 二级价格歧视由于是由消费者自己选择服务种类,从而接受不同价格等级,因此二级价格歧视具有间接性,对消费者信息需求最少。

消费者信息掌握的基础上，因此传统经济学理论认为，不是所有的企业都能实施价格歧视，需要满足一定的条件，才能实施价格歧视。首先，企业需要对消费者的信息有一定程度的了解。如果消费者在交易过程中是完全匿名的，企业对消费者的消费偏好、支付意愿、需求程度以及忠诚度等信息无从掌握，那么实施价格歧视就存在客观的困难。其次，实施价格歧视的企业具有一定的市场力，在实施价格歧视时不用担心损失消费者数量。最后，消费者难以从价格歧视中套利。消费者通过低价买进高价卖出实现套利的可能性低，导致这种可能性低可能是产品固有属性所致，也可能是因为限售的相关规定[110]。

在三种价格歧视中，由于一级价格歧视是根据每个消费者支付意愿来实施的，在传统经济环境下难以实现，但由于大数据垄断者通过数据分析以及算法技术，对消费者信息具有充分的了解，可以个性化定制价格。因此，大数据垄断者实施三种价格歧视都更具可行性。

（1）对消费者信息了解较为充分

大数据垄断者通过大数据以及算法技术的使用，对消费者的支付意愿具有更准确的了解，为个性化价格歧视的实施提供了条件。在传统经济下，完全价格歧视一般要求供应商和消费者个体之间进行沟通以了解消费者的最大支付意愿，但是大数据的出现极大地减少或消除了这种沟通的必要[112]。对于企业来说，大数据增加了消费者信息的透明度，通过分析已控制的大数据可以获得消费者的价格偏好、心理价位、忠诚度，并相应地实施价格歧视。比如，很多商家根据消费者退货频率来分析消费者对瑕疵品的容忍度，从而在相同价格下提供不同质量的产品。"容忍度"高的消费者所收到的次品比"容忍度"低的消费者频率高。还有"杀熟现象"频现，大数据垄断者通过对消费者忠诚度分析，对具有忠诚度高的消费者收取更高的价格，对还在观望或者犹豫不决的消费者收取更低的价格。

(2) 大数据垄断者在相关市场具有非常强的市场力

由于大数据分析和算法技术的发展,企业可以通过大数据来推演出消费者的支付意愿,对现有或潜在消费者的信息掌握越多,对消费者支付意愿分析得就越准确。如果该企业在相关市场还具一定的有市场力,那么根据大数据分析结果进行个性化定价就可以实现[111]。价格歧视的主要原因不是用户所在地的人口密度、收入水平、实体店的距离、种族特征等,而是与竞争对手的距离。虽然传统市场也存在价格歧视,但是互联网加剧了价格歧视问题[28],尤其是加剧了完全价格歧视的实施。大数据垄断者由于在不同相关市场均具有强大的市场力,在实施价格歧视时不用担心消费者的流失,而且利用大数据和算法技术实施价格歧视具有隐蔽性,不容易被消费者察觉。

(3) 大数据垄断者实施价格歧视时不怕消费者套利

企业在实施价格歧视时为了防止消费者趁机套利,往往将自己提供的商品或服务与特定的消费者绑定,使其不能实现套利。传统经济下,由于企业对自己经营范围具有区域性的限制,以及对消费者控制和掌握程度有限,实施阻止消费者套利的作用效力和范围也有限。但是在互联网环境下,每个用户在一个交易平台内都有单独的账号,在使用服务前被要求通过身份认证,这样商家和平台很容易将商品和服务与特定的消费者绑定,点对点销售。大数据垄断者可以对每个消费者建立一个详细的个人信息档案。消费者如果要将账号转换给他人存在客观困难,同时主观意愿也低,因为消费者出于个人信息的保护,不会轻易将个人账号及信息转给他人,这样就大大降低了消费者套利行为的实现。

3.3.2 大数据垄断者实施价格歧视的类型

1. 根据价格歧视对象不同进行分类

大数据垄断者实施一级、二级、三级价格歧视均有可行性。和单一市场的垄断者不同,大数据垄断者在不同相关市场都具有极强的市场力,可以对不同相关市场中的不同服务对象和交易相对人实施价格歧视。根据大数据垄断者实施价格歧视的对象不同,大数据垄断者实施的价格歧视有两种类型:第一种是对终端消费者实施的价格歧视,即大数据垄断者直接对消费者实施价格歧视。大数据垄断者大多是具有双边市场的平台企业,在原始服务市场,大数据垄断者直接向消费者提供服务,比如 Amazon 直接向消费者销售产品,Google 提供的搜索服务,Facebook 提供的社交网络服务,京东通过直营店直接销售产品等。由于这些企业直接向消费者提供服务,这些消费者属于终端消费者。第二种是对中间消费者实施价格歧视。在广告市场,广告商的消费者不是大数据垄断者的直接消费者,因为大数据垄断者不直接向其提供服务,所以不属于大数据垄断者的终端消费者。但大数据垄断者对广告商实施价格歧视依然会间接影响终端消费者的利益,这是因为广告商是大数据垄断者的直接消费者,在这种情况下,广告商实际上是中间消费者。

近年来,针对终端消费者的价格歧视受到各界的关注,但大数据垄断者对广告商实施的价格歧视还未引起足够的重视。虽然消费者没有直接参与大数据垄断者与广告商之间的交易,但大数据垄断者在广告市场的市场力可以阻止某些品牌被终端消费者获悉,因为大数据垄断者在广告市场实施价格歧视,会破坏广告市场的竞争生态和降低效率,而保护广告市场的竞争生态也是间接保护消费者福利。因此,应该将广告商与其他服务的消费者一样对待[24]。

2. 根据价格歧视方式不同进行分类

由于算法技术的精进,较传统市场,大数据垄断者实施价格歧视可以通过不同方式来实现,而且更具隐蔽性。

(1) 通过实施个性化折扣来实现价格歧视

大数据垄断者可以给所有消费者统一定价,然后通过制定个性化的折扣战略来实现价格歧视。因此,虽然表面上大数据垄断者对所有消费者制定了相同的价格,但是由于实施歧视性折扣,不同消费者最终到手的价格是不同的,同样可以实现传统市场中价格歧视的目的[111]。

(2)通过搜索结果歧视来实现价格歧视

大数据垄断者可以实施搜索歧视行为。通过对消费者数据的分析,对于不同类型的消费者展现不同的产品,从而实现价格歧视。例如,《华尔街日报》(*The Wall Street Journal*)2012年的相关报道称,旅行社OrbitzWorldwide在向消费者提供酒店选择时,对使用Mac电脑的消费者比对使用其他品牌电脑的消费者展示的价格更高[111]。

(3)通过搜索历史而不是购买历史来实施价格歧视

大数据垄断者还可以通过消费者的搜索历史而不是购买历史制定个性化价格。对那些首次搜索的消费者提供更低的价格,而对第二次搜索的消费者收取更高的价格。这种行为可以提高总体价格,降低消费者剩余和总福利[113]。

3.3.3 大数据垄断者实施价格歧视的效应

关于价格歧视的正负效应在学界一直存在争论。从传统经济学角度来看,很多学者认为,对于那些支付不起的消费者可收取低价格,由此企业可以提高市场交易量,那些原本被排除在市场之外的消费者由此也可以购买相关的产品。因此,价格歧视可以提高产出,从而提高社会总福利[114]。价格歧视产生的负效应也一直受到各界的关注和探讨。从各国司法实践来看,竞争法关注的价格歧视所产生的负效应可以分为四种类型:"一线损害"(Primary-line Injury)、"二线损害"(Secondary-line Injury)、公平损害以及其他公共政策目标损害[110]。其中引起较多关注的是"一线损害"和"二线损害"。"一线损害"是指价格歧视直接损害了竞争者,并由此间接损害了消费者的利益。一般来说,执法部门在审查"一线损害"时会要求价格歧视损害了消费者福利。"二线损害"是指价格歧视直接损害了消费者。与"一线损害"不同,"二线损害"是相对于消费者来说,而非竞争者。因此,"二线损害"可能会扭曲下游市场的竞争,因为被价格歧视的消费者可能在下游市场是相互竞争的关系[112]。对"一线损害"和"二线损害"进行区分具有重要的意义,因为这两种损害会产生不同的效应,比如"一线损害"会产生竞争封锁效应,而"二线损害"则会产生剥削效应,因为企业优待了某些消费者[112]。

在数字经济时代,由于在不同相关市场具有的强大市场力,大数据垄断者实施价格歧视较传统产业更容易,且不易被消费者察觉,会同时产生"一线损害"和"二线损害"。比如,大数据垄断者在对终端消费者实施价格歧视时,对消费者直接产生损害,属于"二线"损害;在广告市场对广商实施价格歧视,扭曲了广告市场的竞争秩序,从而损害终端消费者福利,就是"一线损害"。从大数据垄断者实施价格歧视的作用机理来看,大数据驱动的价格歧视行为主要会产生三种消极效应:第一,竞争损害效应;第二,效率损害效应;第三,消费者损害效应。

1. 竞争损害效应

在具有较多竞争对手、竞争激烈的行业里,价格歧视以各种各样的灵活形式被广泛运用。在某些情境下能促进市场竞争,比如当实施价格歧视的企业没有市场力时,通过实施价格歧视可以增加产出,从而与具有市场力的企业展开竞争。早在1930年,经济学家就试图识别价格歧视在何种情境下会有益于消费者福利,并认为价格歧视可以通过三种方式造福于消费者。第一,提高产出并保证更多的消费者以自己能接受的价格购买。第二,促进竞争从而降低价格,扩大产出。第三,提高企业投资或创新动力,并最终造福于消费者[110]。但在一个缺乏竞争的市场中,如果垄断者采用区分战略实施价格歧视,利用市场力进行剥削,对不愿意购买或者对竞争者的顾客收取更低价格的话,会进一步巩固和强化垄断力。大数据垄断者实施价格歧视可以从提高自身市场力和扭曲下游市场竞争两个方面损害竞争。

(1) 价格歧视可以提高大数据垄断者的市场力

在传统市场中,实体店一般不会强迫消费者在购物时进行身份验证,也无需注册相关信息,虽然实体店也会采用办理会员卡等措施对客户信息进行收集,但是消费者有足够的选择权,因此实体店很少有能力将消费历史和其他详细信息结合起来。传统实体店通过办理会员卡来获取和维护消费者的行为,无论是在消费者数量还是信息量上都是非常有限的。比如,上海实体店就很难获悉和维护上海以外消费者信息,因此价格歧视实施范围就非常有限。但是,大数据垄断者在获取消费者信息以及个性化定制价格方面具有明显的优势。由于企业实施价格歧视的主要动机是扩大消费者剩余,那么对于产品具有固定成本高和边际成本低等特征的企业来说,具有很强的动力实施价格歧视[115],因为扩大产品或服务的销售量不会增加企业过多的成本,同时还可以抵消高昂的固定成本。比如 Facebook 一旦开发出某项新服务之后,为 1000 万名消费者提供服务和为 1 万名消费者提供服务相比,成本所差无几,因此 Facebook 就会尽量扩大消费者数量。而消费者数量的获得不仅可以帮助大数据垄断者实施价格歧视,还可以反过来巩固大数据垄断者的市场力。

一般来说,一个新企业要进入市场吸引消费者从别的供应商那里转移过来,往往通过提供质量更高或销售价格更低的方式。对消费者来说,提供更低的价格更为直接[24]。在原始服务市场,大数据垄断者可以通过对终端消费者的支付意愿实施个性化定价,对犹豫不决、正在观望的消费者收取较低的价格,或以低价将竞争者的顾客吸引过来。而新企业要进入市场没有办法直接通过低价格来补偿消费者。这样大数据垄断者可以不断增加自己的消费者体量。由于大数据垄断者在不同相关市场都具有强大的市场力,价格歧视策略实施简便,尤其是完全价格歧视的实施很容易对竞争者进行封锁,极大地提高了新企业的市场进入难度。在广告市场,广告商作为大数据垄断者的消费者,也同样受到价格歧视带来的负面效应。大数据垄断者通过实施价格歧视可以进一步扩大自己的资金优势。

另外,消费者的行为偏见会促进大数据垄断者的价格歧视行为。虽然近几年陆续曝出"杀熟事件",消费者对大数据驱动的价格歧视有了更多的了解和关注,除了非常理智且忠诚度不高的消费者可能会采取措施保护自己,对于具有行为偏见的消费者来说,很大可能继续支付超过自己意愿的价格。根据行为经济学理论,消费者在行为中本身存在系统性消费偏见,具有坚持选择默认、凸显的选项,或尽管现在的服务不再是最优的选择,也喜欢维持现状的行为习惯。再者,消费者还有一个重要的行为偏见是缺乏耐心和自控力,比如对某些容易上瘾的产品或服务缺乏自控力[24]。大数据垄断者可以利用消费者行为偏见,提供消费者容易上瘾的产品或服务,或利用消费者冲动消费的习惯以及消费惰性,比如不愿意花时间搜索等,进行完全价格歧视,最大化地剥夺消费者剩余而不用担心消费者流失。因此,如果价格歧视是建立在消费者行为偏见基础上,而价格歧视又可以进一步强化消费者的行为偏见,那么大数据垄断者就更有动力实施该种价格歧视[110]。

除此之外,价格歧视可以直接用于实施排他性战略中,大数据垄断者实施价格歧视的主要目的是封锁上游市场的竞争者并加强自己的市场地位,比如对某些消费者提供优惠价格等以阻止消费者转向竞争者[112]。如果价格歧视是建立在详细的消费者数据基础上,在位企业又能独占这些数据,那么这种潜在的排他性行为应该引起反垄断执法部门的关注[111]。

(2) 价格歧视会扭曲下游市场的竞争

大数据垄断者对中间消费者实施价格歧视,则会扭曲下游市场的竞争。最典型的是将价格歧视用于价格挤压战略中①。垄断者通过实施价格歧视使下游市场中的竞争者无法在对生产要素进行加工的过程中获得足够的利润,以维持其在下游市场的竞争力。由于大数据可以重复使用,垄断者不仅可以利用大数据提高服务质量和开发新产品,还可以将大数据作为中间产品或生产要素进行交易。党的十九届四中全会明确,数据可以作为生产要素按贡献参与分配。如果交易相对方既是大数据垄断者的消费者,又是下游市场的竞争者,或潜在竞争者,那么对该交易相对方收取更高的价格,会导致其不能在终端市场中获得足够利润以维持竞争力。这样,大数据垄断者可以干预下游市场的竞争。

另外,企业实施剥削性价格歧视②时可以利用上游和下游市场的市场力进行剥削,如果大数据垄断者在实施剥削性价格歧视时利用上游市场的市场力,则会破坏下游市场的竞争。比如大数据垄断者可以对下游市场的竞争者和其他供应商收取不同的价格,封锁竞争者。同时,实施价格歧视封锁下游市场的竞争还可以反过来维持和巩固上游市场的垄断力。由于新企业无法进入下游市场,那么试图通过纵向一体化进入上游市场就丧失了可能性[110]。

2. 效率损害效应

大数据垄断者实施价格歧视会损害上游市场和下游市场的效

---

① 价格挤压是指占有市场支配地位的企业所生产的产品恰好是下游市场生产所必要的投入要素;该企业在纵向一体化过程中,利用上游市场的支配地位对上游产品和下游产品实施定价策略,以达到将下游市场中的竞争者排挤出市场的行为。价格挤压是一种典型的滥用市场支配地位行为。

② 价格歧视可以根据不同效应分为剥削性价格歧视和排他性价格歧视。其中,剥削性价格歧视是指企业利用市场力对消费者进行剥削。在剥削性价格歧视中,企业既可以利用上游市场,也可以利用下游市场的市场力进行剥削。

率。以电子商务平台为例,在平台上直接购买书籍的消费者属于终端消费者,这些消费者具有不同的阅读兴趣,有些喜欢阅读武侠类小说,有些喜欢阅读历史传记类小说。在面对终端消费者时,平台可以通过算法技术,对消费者搜索历史、购买历史等行为痕迹进行分析,在获取消费者的阅读偏好及对书籍的需求刚性程度的基础上,对消费者进行归类,实施三级价格歧视,即对喜欢阅读武侠小说比不喜欢阅读武侠小说的消费者收取更高的价格。

在此基础上,平台可以进一步细化同类型消费者的消费习惯、支付意愿等,根据每个消费者进行个性化价格定制,实施完全价格歧视。比如对同样喜欢购买武侠类小说的消费者,就相同的书籍定制不同的价格。虽然同样喜欢阅读和购买武侠类小说,有些消费者只是纯兴趣爱好,有些消费者则是武侠小说的专业研究人员。他们对同一本书的支付意愿、刚性需求存在不同。受利润最大化驱动,大数据垄断者有动机对购买意愿低的消费者收取更低的价格,对购买意愿高的消费者收取更高的价格,实现消费者剩余最大化剥削。在该情景下,购买意愿低的消费者会因为价格吸引最终购买了原本自己不需要的产品,而放弃了购买自己本来需要的产品,这就导致了有限的资源没有流向真正需要的消费者手里,损害了市场分配效率。

如果大数据垄断者实施的价格歧视是针对中间产品商,还会损害下游市场的效率。大数据垄断者实施价格歧视的中间产品商主要有两种:第一种是广告商;第二种是大数据产品的中间商。继续以电子商务平台为例,虽然在平台广告市场投放广告的企业是平台的直接消费者,但不是终端消费者。大数据垄断者如果对广告市场的不同消费者(广告商)实施价格歧视,意味着就相同的版面,不同广告商需要支付不同的价格,这样就会影响广告市场的成本结构。广告商由于在上游市场支付的成本更高,很可能通过扩大产出或降低质量来抵消广告市场的成本,那么终端消费者所购买的服务或者产品很可能不是自己需要的,而是广告商创建的需求,而消费者真正想要的产品商在没有消费者购买的情况下只能降低产出,同样会降低市场分配效率。

无论是对原始数据、观测数据还是衍生数据,如果大数据垄断者在交易或许可大数据时实施价格歧视,对下游市场效率高的企业收取更高的价格,对下游市场效率低的企业收取更低的价格,那么效率低的企业可能扩大产出,而效率高的企业反而减少产出。这样,下游市场的生产效率就会受到影响,导致终端消费者被收取更高的价格[116]。研究发现,上游市场的企业如果具备价格歧视的条件,会对市场力高的企业收取更高的价格。如果下游市场的企业还具有通过纵向一体化进入上游市场的能力,那么更容易激发上游市场企业实施价格歧视。实际上,在价格歧视的环境下,下游市场的企业很难通过纵向一体化进入上游市场[117]。

除此之外,价格歧视还可以对下游市场企业的非价格决策产生影响从而降低效率,比如对下游市场的技术选择产生影响。研究发现,在条件允许的情况下,垄断者会对边际成本低的企业收取更高的价格,这样会导致下游市场的企业偏向于选择边际成本更高的技术。在统一定价的情况下,下游市场企业有动力开发技术,降低边际成本。但是在实施价格歧视的环境下,企业降低边际成本的动力会降低,因为降低边际成本带来的好处被价格歧视所抵消了。价格歧视驱动下的技术选择,最终会影响企业与竞争者开展竞争的能力,提高整个市场的均衡边际成本,从而降低了终端产品市场的社会总产出,而社会总产出的降低最终会降低社会总福利[118]。

3. 消费者损害效应

由于各国反垄断法的核心目标是保护消费者,垄断者实施价格歧视是否要受到规制最重要的考量因素还是消费者的利益是否受到了损害。因此,各国反垄断执法部门一般都要求在损害竞争的同时还应具备消费者损害的条件。较传统市场,大数据垄断者实施的价格歧视对消费者的损害更大。

首先,价格歧视违反了消费者之间的公平性。对相同的产品,很多消费者需要支付更高的价格,甚至是超过自己意愿的价格。即便消费者知道自己在低价中获得了好处,但是对企业因每个人支付意愿不同而设定不同价格的行为也会感到不舒服[119]。由于大数据垄断者在不同相关市场的垄断力,市场上没有足够的可替代性产品,即便消费者发现自己被价格歧视了,也难以转换到其他服务,可以说价格歧视是大数据垄断者最大限度地剥夺消费者剩余。如果最大化剥削消费者剩余是企业实施价格歧视的唯一目的,那么价格歧视是社会所不能接受的,更何况这种不公平性还会产生反竞争效应[112]。其次,就算市场上存在可替代性产品,消费者发现该商家对自己实施了价格歧视,并考虑选择其他的服务商,这也变相地提高了消费者的搜索成本。如果大数据垄断者在实施价格歧视时是以一种非透明化形式操纵的,还会降低消费者对网络市场的信任度,认为网络市场不安全从而不敢进行网络购物。对消费者信心的剥削最终导致消费者在购买决定时更加地犹豫不决[111]。价格歧视还会增加消费者的敌意。由于完全价格歧视是通过分析消费者数据才能实现的,而消费者在被收集数据时并未同意企业将自己的数据使用到价格歧视中,因此从数据保护的视角来看,违反了消费者的数据保护目标[119]。

另外,当企业市场力和消费者行为偏见相结合时,价格歧视对消费者的损害更大。具有强大市场力的企业可以利用消费者行为偏见,比如通过加粗、标黑、反复提醒,还有提供消费者容易上瘾的服务来留住消费者,以降低价格歧视导致消费者流失的风险。消费者可能在知道自己被价格歧视时,由于对容易上瘾的产品或服务缺乏足够的自控力,加上市场上没有合适的可替代品,会心甘情愿继续支付高价格。

由于价格歧视既能封锁竞争,也会损害消费者利益,各国反垄断法都将价格歧视视为一种反竞争行为,受到反垄断法的规制。根据《中华人民共和国反垄断法》第二十二条规定,没有正当理由,对条件相同的交易相对人在交易价格等交易条件上实行差别对待属于滥用市场支配地位的行为,应予以禁止。虽然在传统市场,价格歧视及消极效应也存在,但是在数字市场,大数据垄断者实施的价格歧视的复杂性和多重效应应引起反垄断执法部门的高度关注。在价格歧视规制中,合理适用反垄断法对市场的所有参与者(包括竞争者、消费者、职员等)和整个经济社会都有利,而且还可以创造一个更公平的社会[120]。

第 4 章
基于事前预防的大数据垄断规制

4.1 加强事前预防和完善相关规则的必要性

大数据的体量大、高速性、多样化与数字市场的结构特征相结合,对现行法律制度提出了极大的挑战。首先,由这些经济特征催生的垄断具有一定的合法性,跳出了我国反垄断法中滥用市场支配地位的适用范围,对反垄断法提出了新的挑战。其次,大数据涉及个人信息,而且大数据价值具有较高的不对称性,大数据驱动型并购带来的隐私侵害是通过个人信息保护法还是反垄断法进行救济也迫切需要现行法律制度予以回应。另外,较传统无形资产,大数据的实时性和高速性,以及大数据控制者与数据主体之间的权益分配使得大数据确权具有一定的难度,而大数据所有权制度安排又对大数据流动和应用意义重大。这些问题的结合使得大数据垄断所产生的侵害具有一定的复杂性和挑战性,通过单一的部门法予以解决和救济不是较优路径。由于社会经济关系本身就相互交织,且不同的法律制度之间存在着极其密切的相互咬合关系。例如,从制度关联性角度来说,作为市场调节法的反垄断法与民法等其他法律制度之间就存在制度互补的功能。因此,在解决现实生活中的问题时,应综合地运用各种法律制度[121]。

基于此,笔者认为在进行制度安排规制大数据垄断时,不应只局限于反垄断法或其他某单一部门法,而应构建多部门法协同的法律框架,就大数据垄断问题构建新的治理体系,系统地解决大数据垄断带来的消极效应。正如德国联邦卡特尔局通知 Facebook 初步审查结果时所称,"当大数据作为一个企业经济支配力的关键因素时,用户数据保护、消费者权益保护法和竞争法应该相互作用"[48]。另外,大数据驱动型经营者集中剧增,且产生的消极效应通过事后救济具有一定的难度,需加强事前预防。结合这些现实挑战,笔者认为在构建规制大数据垄断的法律框架时,应以事前预防和事后救济相结合的路径更为有效。

根据传统法学理论,事前和事后规则在原理上具有共同性。事前规则的主要功能是防御性的,通过对特定问题的早期干预,以避免市场上出现垄断或相关的垄断行为,主要是"向前看"的分析思路。例如反垄断法中的经营者集中事先申报制度就是典型的事前规则。而事后规则主要是针对出现垄断或垄断行为之后进行救济,主要是"向后看"的分析思路。从各国反垄断法的具体规则来看,针对垄断协议和滥用市场支配地位的规则,属于事后规则[80]。

在反垄断执法过程中,经常引起关注和批评的行为主要有两种:一是对市场行为的过度干预,二是对市场行为的干预不够。反垄断执法部门在具体审查经营者集中案中,往往试图避免这两种失误,以期有效地促进市场竞争。由于大数据驱动型企业的双边市场特征具有较强的网络效应,新企业挑战在位企业的难度更大,而并购大数据密集型企业能够带来更强的网络效应和重要的市场力,可以进一步加强市场集中度和提高市场准入的难度。在这种情况下,打通现有和潜在的市场准入就成了规制大数据垄断的有效手段。和传统市场相比,潜在竞争者的存在对数字市场有效竞争的促进显得更有价值。

因此，对大数据垄断的规制，应该在对滥用市场支配地位和垄断协议进行事后规制的基础上，加强对大数据驱动型并购的事前控制。通过加强事前控制措施，可以在最大程度上消解或弱化这些行为的反竞争效果[122]。这样，并购控制在保护大数据经济竞争中，可以也应该发挥作用[123]。如果对干预过多和干预不够的损失进行比较和权衡，显然干预不够所带来的社会成本更大，因而应该对数字市场的经营者集中审查制度采取不同的态度[81]。"虽然法律必须是稳定的，但如果一个法律制度跟不上时代的需要或要求，显然是不可取的。在一个变幻不定的世界中，如果把法律仅仅视为是一种永恒的工具，那么它就不可能有效地发挥作用。"[124]

4.2 大数据驱动型经营者集中的事先申报制度重构

大数据驱动型并购的竞争问题在国外引起了学界、实务界以及政策制定者的关注和热议。以大数据为驱动的平台在过去几年大量并购企业，其中绝大多数都未面临反垄断审查。在过去，对并购进行延期干预的成本可能有限。但在一个逐渐趋于寡头垄断的市场，审查通过并购的错误会导致该产业进入垄断状态，若这些垄断者还具有政治势力，那么并购审查失误的损失则是不可逆的。因此，需要更改并购审查的门槛，对并购初创企业的交易进行审查[24]。

在欧盟，由于大数据驱动型并购交易中的一方营业额不高，逃避了欧盟相关法律的审查，因此有学者提出应修改欧盟层面的并购申报标准以便更好地捕捉大数据驱动的交易[49]。但也有学者主张大数据驱动型并购到底是促进竞争效应还是反竞争效应应该具体案例具体审查[50]。在美国，有学者主张修改《非横向并购指南》以应对大数据驱动型并购对反垄断审查带来的挑战[51]。我国学者就大数据对并购控制制度的挑战也展开了一定的研究,提出应增加互联网产业系数,并引入刑事责任、加大惩罚力度等措施来应对大数据对并购控制制度的挑战[52]。

为了应对数字市场对竞争法的挑战,德国在2017年修改了《反限制竞争法》,并对并购事先申报制度做了修改,增加了交易额的标准。我国在2018年和2024年对《国务院关于经营者集中申报标准的规定》进行了两次修改,但依然沿用了以营业额为标准的事先申报制度。但是,大数据驱动型并购已经对我国的事先申报制度提出了挑战,如滴滴出行和Uber并购案。随着国家以及企业对大数据价值认知的提升,以及大数据垄断者杠杆行为的实施,大数据驱动型并购在我国也将越来越多,在未来势必对我国的事先申报制度提出更大的挑战。

大数据驱动型并购的企业呈现年轻化态势,在并购案实施时还没有成长为具有能够对市场施加影响的市场力,因此对并购的竞争效应审查不能仅限于当下,或仅限于本市场内,效果欠佳。由此,对大数据驱动型并购的特征进行分析和识别,可以更早地引起反垄断执法部门的警惕,并进行事前预防,提高执法效率。

4.2.1 经营者集中事先申报的不同标准及利弊

事先申报制度兴起于1956年美国诉厄尔帕索天然气公司和太平洋西北管道公司合并案。在该案中,由于在司法部实施资产剥离前,厄尔帕索天然气公司已经控制了相关股票和资产,所以剥离的效果甚微。之后,各国相继在反垄断法中规定了事先申报制度[92]。事先申报制度是反垄断执法审查程序的前提和基础,也是整个集中程序性的开始。我国也采用了事先申报制度。事先申报制度可以发挥并购方的主动性和积极性,帮助并购企业减少并购成功后发现违法而被解散的风险。同时,事先申报制度还可以帮助反垄断执法部门对反竞争效应的合并进行事前预防,减少反垄断监管的成本和盲目干预,从而保护市场竞争机制,因此并购事先申报制度的优点是显而易见的。目前,各国根据本国经济发展的具体国情,采用不同的申报制度。有些国家采用的是强制性事先申报制度,比如德国、美国以及我国。有些国家则采用自愿申报制度,比如英国。

从世界主要国家采用的事先申报制度来看,事先申报制度又可以分为当事人规模标准和交易规模标准。当事人规模标准是指并购方的规模,包括并购方的市场份额、营业额、总资产等。不同的申报标准具有不同的优势和劣势。交易额标准的优点是由于交易规模是确定和明确的,便于执法机构掌握信息和及时监督,但缺点是容易滋长当事人故意压低交易额的愿望以规避申报义务和反垄断审查[125]。营业额标准的优点是交易方规模相对比较确定和清楚,便于执法机构审查。同时,采用营业额标准的国家一般会同时规定在本国或本区域的营业规模以及在全球的营业规模,因此营业额的标准可以考虑到企业与当地的关联性以及合并所产生的国际影响力。但是,营业额标准的缺点是不能很好地反映企业未来的发展潜力,尤其是对于潜力尚未得到挖掘的初创企业或者资源密集型的初创企业来说,如知识产权密集型、大数据密集型或者以商业模式取胜的初创企业,可能还未产生营业额。对于这类企业来说,营业额标准难以反映合并企业未来的发展趋势以及合并后的竞争效应。

由于市场份额标准不是客观指标,且以"相关市场"的界定为前提,而"相关市场"又是根据具体案例所定,所以市场份额标准对企业来说是个较大的负担[125]。各国在采用不同的申报标准时都是在考察众多复杂的经济因素基础上作出的立法决策,都有一定的合理性。由于交易额和营业额是客观标准,因此世界上绝大多数国家或地区,包括欧盟、美国、日本、德国以及我国都分别或同时采用这两种标准。

4.2.2 大数据驱动型经营者集中对事先申报制度的挑战

大数据驱动型并购所导致的封锁和防御效应,以及对竞争和消费者的损害,在并购前难以引起反垄断审查机构的足够重视。但是大数据驱动型的非横向并购,尤其是对大数据密集型初创企业的并购,将会成为未来主要的经营者集中类型。由于这类并购的被兼并方营业额较低,在采用单一的营业额标准的国家,并购方无需履行事先申报的义务。在这种情况下,执法机构采取事前预防措施具有一定的挑战性。欧盟反垄断委员会在2015年就数字时代对反垄断制度带来的挑战展开研究时,指出欧盟和德国的事先申报制度未能很好地应对大数据并购带来的挑战,并呼吁修改相关法律规定[49]。在美国,学界提出由于大数据驱动型并购游离在传统反垄断分析框架外,为了应对其带来的挑战,对现行的《非横向并购审查指南》进行修改具有迫切性。同时还指出在修改《非横向并购审查指南》时应就大数据驱动型并购制定和发布专门的并购指南,供美国公平贸易委员会(FTC)和美国司法部(DOJ)识别大数据驱动型并购的实施意图,帮助执法机构审查并购的潜在竞争效应[51]。日本公平竞争委员会(JFTC)在《大数据与竞争政策报告》(*Report of Study Group on Data and Competition Policy*)中指出,大数据密集型企业利用数据营利需要一定的时间。企业很可能在并购后才开始营利,那么并购双方的数据合并对市场力的巩固会产生明显的作用。在这种情况下,以营业额为标准的并购申报制度难以捕捉和规制大数据驱动型并购。因此日本未来应该密切关注该类并购,并考虑是否有必要修改申报标准[86]①。

---

① 日本《反垄断法》规定:"如果其中一经营者在国内总营业额超过200亿日元,且另一经营者在国内总营业额超过50亿日元,应该事前向日本公平竞争委员会申报。"可见,日本也是采用营业额标准。

《中华人民共和国反垄断法》第二十六条对事先申报制度作了相应规定:"经营者集中达到国务院规定的申报标准的,经营者应当事先向国务院反垄断执法机构申报,未申报的不得实施集中。"同时在《国务院关于经营者集中申报标准的规定》对申报制度的具体要求作了规范,其中第三条规定:"经营者集中达到下列标准之一的,经营者应当事先向国务院反垄断执法机构申报,未申报的不得实施集中:(一)参与集中的所有经营者上一会计年度在全球范围内的营业额合计超过 120 亿元人民币,并且其中至少两个经营者上一会计年度在中国境内的营业额均超过 8 亿元人民币;(二)参与集中的所有经营者上一会计年度在中国境内的营业额合计超过 40 亿元人民币,并且其中至少两个经营者上一会计年度在中国境内的营业额均超过 8 亿元人民币。"①从规定来看,我国采用的是营业额单一标准的强制性事先申报制度。

营业额标准的缺点是不能充分反映被兼并企业的未来发展潜力,尤其是大数据等资源密集型的初创企业,因为这些企业的资源还在"变现"的过程中。在我国,虽然大数据驱动型并购不如欧美国家多,大数据驱动型并购所带来的反竞争效应也还不如欧美国家如此突出。这一方面是源于我国互联网巨头在并购方面不具有高频性,另一方面也是由于 Facebook 和 Google 在我国应用受到限制,这几个企业并购交易所带来的竞争效应在我国不如欧洲表现得直接。

但是大数据驱动型并购对我国事先申报制度的挑战切实存在,

---

① 2008 年和 2018 年修订版第三条规定:"经营者集中达到下列标准之一的,经营者应当事先向国务院反垄断执法机构申报,未申报的不得实施集中:(一)参与集中的所有经营者上一会计年度在全球范围内的营业额合计超过 100 亿元人民币,并且其中至少两个经营者上一会计年度在中国境内的营业额均超过 4 亿元人民币;(二)参与集中的所有经营者上一会计年度在中国境内的营业额合计超过 20 亿元人民币,并且其中至少两个经营者上一会计年度在中国境内的营业额均超过 4 亿元人民币。

如在滴滴出行和Uber收购案中,由于营业额无法确定导致企业不知是否要事先申报,反垄断执法部门在执法时也缺乏充分的法律依据。这无疑加大了企业对并购合规的不确定性。对于违法合并的企业,反垄断执法部门事后可以对其拆分,而未履行合并规定的事先申报的程序性要件很可能被认定为违法合并。我国由于人口红利,是大数据资源丰富的国家,大数据驱动型并购也将会如美国一样高发。如果忽视其可能带来的损害,将会对我国数字经济市场竞争力的提升产生消极的影响。因此,我国也应该密切关注大数据驱动型并购以及可能产生的损害。

4.2.3 对大数据驱动型经营者集中的应对

1. 美国事先申报制度及对大数据驱动型经营者集中的应对

美国并购事先申报制度一直采用的是营业额和交易额相结合的双重标准。美国在《哈特-斯科特-罗迪诺反垄断改进法案》(*Hart-Scott-Rodino Act*)对并购事先申报作了相关规定,其中规定大型并购在交易前要向美国司法部和公平贸易委员会申报,美国司法部和公平贸易委员会对交易规模和交易方规模进行测试。美国每年会在同一时间范围内更新并购事先申报的标准。以2019为例,美国规定从2019年4月3日开始,将并购事先申报的交易规模标准调整为9 000万美元。如果交易规模达到该标准的,需要进一步测试交易方的规模。美国对交易规模超过9 000万美元的并购又做了进一步区分。如果交易规模超过9 000万但不超过3.599亿美元,就要进一步审查交易方的规模,并在此基础上对交易双方的规模作了相关规定。其中,规定如果并购一方的总资产或年净销售额超过1.8亿美元,且另一方总资产或年净销售额超过1 800万美元的需要进行申报;如果交易规模超过3.599亿美元,无论交易方规模如何,都需要进行事先申报(表4.1)。

表 4.1 2019 年美国并购事先申报标准

交 易 额	营 业 额	是否申报
<9 000 万美元	无要求	×
≥9 000 万美元 ≤3.599 亿美元	并购一方：1.8 亿美元 （且）并购一方：1 800 万美元	√
>3.599 亿美元	无要求	√

从该标准可以看出,美国是采用以交易额为主、营业额为辅的标准,凡交易规模低于 9 000 万美元或者超过 3.599 亿美元的,都无需审查交易方的营业额。由于美国的交易额和营业额的申报标准是根据每年国内生产总值一定比例制定的,具有浮动性。美国事先申报制度比较灵活,可以实时反映本国的经济发展状况,并根据每年的经济发展调整并购审查的门槛,可以防止事先申报标准与国内市场状况脱节的弊端,和本国的经济具有较强的当地关联性。

但是美国的事先申报制度具有一定的缺点。首先,每年更新事先申报的标准,对企业来说,并购实施的预测性和政策指导性较差,增加了企业实施并购的法律成本。同时也会增加反垄断的执法成本,因为计算新的并购申报门槛涉及不同部门的协同合作,而且如果并购标准不能如期发布,还会影响企业并购的顺利实施。比如 2019 年美国因政府部门关闭导致事先申报标准发布比上一年晚。另外,美国的事先申报制度是以交易额为主要标准,对于交易额较高、营业额为零或较低的企业之间的并购无法进行有效的规制。按照 2019 年的标准,如果交易额在 9 000 万和 3.599 亿美元之间,但是并购方中的一方营业额低于 1 800 万美元,也是无需事先申报。而大数据驱动型的初创企业恰恰呈现了交易额高而营业额低的特点,因此美国的事先申报制度也无法有效地应对大数据驱动型并购所带来的挑战。

2. 德国事先申报制度及对大数据驱动型经营者集中的应对

德国并购事先申报制度原来一直采用营业额标准。为了应对数字经济带来的挑战,德国2017年对《反限制竞争法》进行了第九次修改,在第三十九条和第三十五条第1款规定:"参与集中的所有经营者上一会计年度在全球范围内的营业额合计超过5亿欧元,并且至少一个经营者上一会计年度在德国境内的营业额超过2500万欧元,另一经营者上一会计年度在德国境内的营业额超过500万欧元需要向德国反垄断执法部门进行申报。"此次修订特别在三十五条第一款之后增加了1(a),对并购一方营业额未达到第一款所要求的交易行为作了补充规定:"当另一经营者或被兼并的经营者上一会计年度的营业额未超过500万欧元时,如果交易额超过4亿欧元也属于经营者集中控制的范围,需要向相关部门事先申报。"同时在《反限制竞争法》第三十七条关于"经营者集中"范围界定时规定:"经营者集中是指收购另一经营者的所有或者部分资产,其中如果被兼并的企业在德国没有营业额也属于经营者集中的范畴。"

从德国第九次修订的《反限制竞争法》来看,并购事先申报制度从营业额标准修改为营业额和交易额相结合的标准。但是和美国相比,德国采用的是固定营业额和交易额相结合的标准,而且是以营业额为主、交易额为辅的标准。德国《反限制竞争法》通过第三十五条对营业额及交易额的规定、第三十七条对经营者集中的界定以及第三十九条对事先申报制度相应做了要求,一环扣一环自成体系,较充分地考虑了数字市场中新的并购类型对反垄断法的挑战。另外,相较美国,德国的事先申报制度采用的是固定营业额和交易额标准,操作更方便,可以降低执法部门的执法成本,也可以为并购企业提供实施依据。

3. 我国事先申报制度对大数据驱动型经营者集中的应对及完善

我国《国务院关于经营者集中申报标准的规定》于2018年和

2024年经历了两次修订,但仍然沿用了营业额标准。但基于大数据驱动型并购所呈现的营业额低交易额高、具有向非横向并购发展趋势以及并购后拆分企业的救济效果差等特征,该标准对大数据驱动型并购,尤其是对于大数据密集型的初创企业的并购,规制效果甚微。同时,如果没有事前控制这道程序,而反垄断执法机构审查的信息大部分又是要求并购企业提供,并购企业为了让并购顺利通过,在提供信息时就会有所倾向。针对这种情况,反垄断执法机构除了采取突袭调查,另外一种有效方式就是看交易的价值,因为并购企业愿意支付的金额可以从侧面反映出一些信息。因此,如果交易规模特别大的话,交易价值应该引起反垄断执法部门注意,并对并购进一步开展调查[51]。

关于并购事先申报制度的修改,我国学者提出的应增加互联网行业系数以解决大数据并购带来的挑战和引入刑事处罚规定都不是有效的措施。主要原因有二:首先,虽然目前大数据垄断者主要集中在平台性质的互联网企业,但是互联网企业利用大数据优势跨界融合到制造业(如 Google 进入智能汽车制造),互联网产业与传统制造业的产业界限将变得越来越模糊。而且互联网行业与线下企业的并购是大数据驱动型并购的一个重要类型,比如 Amazon 对线下实体书店的并购。其次,和互联网行业相比,依赖有形资产的传统商业对大数据价值的认识较晚,但随着这种认知的增强,以及将消费者信息数字化之后,传统商业也开始逐渐建立强大的数据集和分析技术[88]。因此,大数据驱动型并购不仅限于互联网行业,大数据驱动型并购所带来的防御效应也不仅限于网络平台或者消费者直面的企业。随着物联网的出现和发展,传统制造业也开始转向大数据收集并利用大数据开始实施垄断。在汽车产业,汽车制造商在设计汽车时,就将汽车设计成自己可以独占性控制数据访问权的模式。消费者购买汽车后,就被锁定在该汽车的特定硬件和软件设置中,类似于手机用户被锁定在 Google Android 或 Apple iOS 平台上一样,而且大数据垄断还将在汽车售后服务市场中对竞争产生封锁效应[99]。

另外,将未履行事先申报义务的企业课以刑事责任有可能会抑制数字经济的发展。我国数字经济处在蓬勃发展期,在全球数字经济竞争力排行榜中,紧随美国之后,位居国家数字竞争力排行榜第二。这一方面是凭借数字化经济发展先进成果和国际贸易市场影响力,另一方面来自我国的人口红利[126]。如果我国一方面继续采用营业额标准,导致并购双方对是否需要事先申报缺乏政策性指导,但另一方面又对未进行事先申报的交易方施加刑事责任,会严重抑制企业并购的意向,不利于我国企业在国际市场竞争力的提升。因此,我国在修订并购事先申报制度时也应注意不要过度阻止大数据驱动型并购。

为应对大数据驱动型并购带来的挑战,我国可以借鉴德国的有益探索,在并购事先申报制度中引入交易额标准,将《国务院关于经营者集中申报标准的规定》第三条第二款增加一项,将其修改为:(二)参与集中的所有经营者上一会计年度在中国境内的营业额合计超过 40 亿元人民币,并且其中至少两个经营者上一会计年度在中国境内的营业额均超过 8 亿元人民币。(三)参与集中的所有经营者上一会计年度在中国境内的营业额合计超过 40 亿元人民币,但如果其中至少两个经营者上一会计年度在中国境内的营业额未超过 8 亿元人民币的,应进一步分析其交易额。如果交易额超过 16 亿元人民币的①,需事先申报。

为了规避并购方出现大数据等资源密集型初创企业尚未产生营业额的情况,可同时在《中华人民共和国反垄断法》第二十五条关于"经营者集中"的情形中增加第四项,将第二十五条改为:"经营者集

---

① 参照德国交易额是营业额总量 80% 的标准。

中是指下列情形：（一）经营者合并；（二）经营者通过取得股权或者资产的方式取得对其他经营者的控制权；（三）经营者通过合同等方式取得对其他经营者的控制权或者能够对其他经营者施加决定性影响；（四）如满足（一）、（二）、（三）项情形，但被兼并或被控制的经营者在中国境内未产生营业额的，也属于经营者集中。"

大数据垄断者为进一步巩固和强化市场支配地位，采取扼杀式并购将潜在竞争者排除在市场之外，应加强事前规则进行有效规制，我国事先申报制度采取营业额的单一标准，对扼杀式并购行为无法有效规制，应同时引入交易额标准。

4.3 完善大数据驱动型经营者集中的相关市场界定

在反垄断法执法的竞争政策分析中，需要通过对涉嫌垄断的企业动机、行为方式以及市场竞争的影响后果加以慎重考察后才能作出判断，其中最重要的就是市场集中率。由于市场集中率对于反垄断法实施的重要性，使得界定市场以计算被告的市场份额变得至关重要[127]。在合理使用原则中，大数据垄断是否实质上限制竞争和构成违法，需要先界定相关市场以确定企业竞争的市场范围。

由于大数据的内生特性和大数据垄断者的"双边性"，欧美学术界和司法界在大数据垄断相关市场界定上存在很大分歧。传统上，反垄断审查的相关市场需具有"经济性"，也就是有"价格"的商业关系。以 Google 和百度为例，大数据垄断者的一边市场是消费者直面的搜索引擎服务市场，消费者在接受服务时并未支付"金钱"，所以经常被认为是免费的。基于此原理，大数据垄断的相关市场往往被界定为有金钱交易的广告市场，这点在欧美司法实践中得到了充分的体现。在 2007 年 Google 和 DoubleClick 合并案中，美国联邦贸易委员会和欧盟委员会绝大多数委员认为两家公司合并的数据其他公司也能获得，而且搜索和广告是不同的产品，是互补而非替代性关系，故不是横向竞争者关系，不会对广告市场造成反竞争效应并最终通过了合并案。2013 年，美国联邦贸易委员会在对 Google 搜索偏见案的调查结果认为，Google 选择性的搜索结果是有利于广告市场竞争的，并未呈现反竞争特点。2014 年，美国联邦贸易委员会在 Facebook 和 WhatsApp 合并案中称因为 WhatsApp 没有广告市场，也无意在未来开拓广告市场，不会对原有广告市场产生影响。欧盟委员会也认为，WhatsApp 的数据不是针对广告市场的，公司合并后 Facebook 并不能专控所有数据垄断整个广告市场。

但是，搜索引擎服务商向用户提供的免费搜索服务不能等同于公益性的免费服务，因为它仍然可以通过吸引用户并借助广告来获得现实或者潜在的商业利益。在双边市场中，向消费者提供"免费"服务就意味着还存在"双生"的补充产品[45]。这两个产品的经济价值是相互交融的；利润最大化的企业如果不能够在其他地方获得利润，就不会免费提供服务或者产品。而企业获得的利润就是消费者在一定程度上所放弃的个人隐私信息，正是消费者的信息数据提升了互联网公司对广告商的价值。因此，其实以大数据为驱动的互联网公司和用户之间也存在合同关系。这种双边的合同关系是一种用户提供信息数据和互联网公司提供服务之间的交换。如果审查的关注焦点仅局限于"支付方"的广告市场，就会忽视该相关市场商业行为对处于"免费"市场的消费者所带来的影响。

随着大数据垄断对消费者隐私和搜索结果等消费者直面的服务质量影响日益凸显，忽视反垄断审查关注的新问题，只用传统的市场界定方式已然不合适[46]。近年来欧洲国家司法部门的态度也有所转变,欧盟委员会在 2015 年反对 Google 申明中改变了 2008 年所持的审查标准,将相关市场从广告市场转移到消费者服务市场,对 Google 是如何利用自己的支配地位来促进其比较购物结果的提起了调查。2016 年德国竞争局在调查 Facebook 时也将相关市场从广告市场转移到了消费者服务市场,认为如果 Facebook 的数据支配地位和侵犯数据主体的利益存在关系,就构成了竞争法中的滥用行为。笔者认为,鉴于大数据垄断的特性,应扩大反垄断审查的相关市场界定,将消费者服务市场也纳入相关市场审查。

4.3.1 传统相关市场界定

大数据的经济特性和双边市场经济的交互性有利于大数据控制者市场集中和支配地位的形成[64]。在 2007 年 Google 与 DoubleClick 合并案中,美国联邦贸易委员会(FTC)委员 Pamela Jones Harbor 首次提出"大数据市场"的概念,认为 Google 与 DoubleClick 的合并是两家公司产品和服务以及用户数据的合并,尤其合并后 Google 能够垄断大数据,因此应特别审查大数据合并对竞争者及用户的影响,并建议在未来类似案例中应该界定一个推定的由大数据组成的相关产品市场[1]。

以大数据为驱动的经营者集中开始引起反垄断执法部门的关注。经营者集中后不仅可以共享大数据资源提升现有服务,还可以通过垄断大数据开发新市场,并占有支配地位。在与大数据垄断有关的经营者集中竞争效应审查中,相关市场因其特有的属性,界定更为复杂,尤其是涉及具有双边市场特征的网络平台的经营者集中,如社交网络、搜索引擎和电子商务平台。现行反垄断法规则要求相关市场界定需要存在"经济性"和交易,否则无法进行供需市场的替代性分析。由于具有双边市场特征的大数据垄断主体在提供服务时所获得的大数据以"副产品"的形式存在,没有进行大数据交易或者提供大数据分析服务,因此不存在传统意义上的供需市场。但双边市场具有外部交叉网络性特征,两边市场经济具有交互性。如果忽视对用户服务市场以及其他数据相关市场的潜在竞争效应评估,那么以产品和服务合并为形式,而实质上进行大数据合并就会成为反垄断审查的漏网之鱼,以大数据为驱动的经营者集中的反竞争效应就难以得到规制。

虽然欧美司法界及学术界对此已有相关实践和学术探讨,但远未达成共识,争议焦点源自是否要扩大现行反垄断法规则对大数据垄断的适用。反观我国,就国内相关案例来看,如滴滴出行与Uber合并案,以大数据为驱动的经营者集中尚未引起我国反垄断执法部门足够重视,学术界就相关问题的讨论也较少。本书拟通过案例分析考察欧盟对以大数据垄断为驱动的经营者集中相关市场的界定及其后期效果,并进行有益的反思,希望能引起我国相关方面的关注和重视。

1. 欧盟对大数据垄断相关市场界定的实践

OECD根据Orrick提供的数据统计,发现美国以大数据为驱动的经营者集中从2008年到2012年显著上升[64]。本书仅挑选Google与DoubleClick合并案以及Facebook与WhatsApp合并案为研究对象,这是因为:① "大数据市场"概念是在Google与DoubleClick合并案中首次提出,开始引起欧美司法界及学术界对大数据集中的关注;② Google和Facebook已分别成为全球最大的搜索引擎和社交网络服务提供商,并在全球占有绝对的市场支配地位,而且2017年两家公司在欧盟分别因滥用市场支配地位被处以高额罚单,因此研究这两个合并案相关市场界定的论证过程及对后期竞争效应的影响(图4.1),可以更好地审视在现行反垄断法框架进行相关市场界定对大数据垄断的规制效果及存在的挑战,有助于对以后类似合并案例的相关市场界定提供有建设性的借鉴意义。

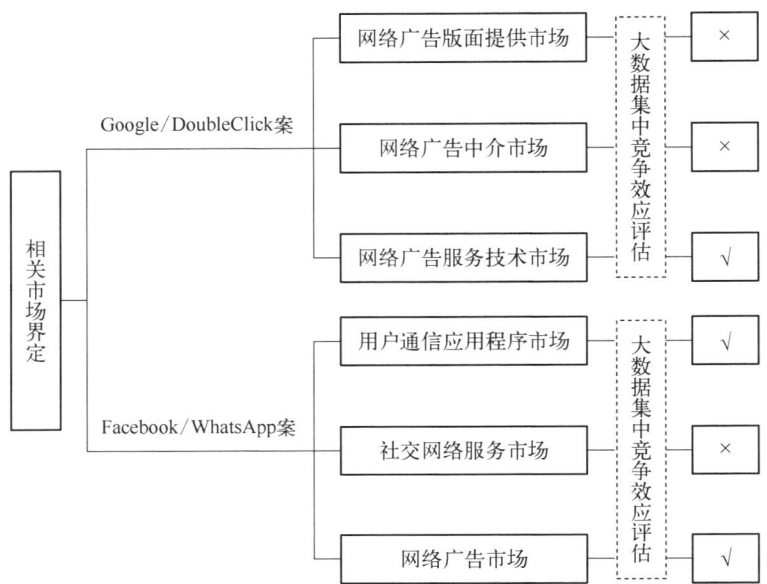

图 4.1　欧盟对大数据垄断驱动型经营者集中相关市场的
界定及竞争效应评估

案例一：Google 和 DoubleClick 合并案

2007 年，Google 同意以大约 23 亿欧元的价格全资收购和控股 DoubleClick[128]。DoubleClick 是一家从事网络广告管理软件开发和广告服务的公司，在提供服务时会以广告商和广告主的名义在自己服务器上存储用户数据用于定位广告。用户所提供的个人数据以及由此在网络广告服务市场所带来的网络效应，是决定 DoubleClick 在网络广告投放市场和网络广告中介市场龙头地位的关键因素之一，但是 DoubleClick 通过合同和客户约定不享有交叉使用用户数据的权利。

在市场调查中，第三方认为合同约束不能排除 Google 与 DoubleClick 进行大数据重组从而精准投放广告[128]。在资产和大数据合并后，Google 将立足于其他竞争者无法超越的市场地位。在该绝对市场支配地位下,DoubleClick 对交叉使用用户数据的兴趣会提高,并想方设法修改合同中用户数据使用条款。例如,向客户施加压力以获得交叉使用用户数据的豁免权;抑或向客户提供价格优惠以换取扩大用户数据使用范围;甚至作为回报,允许客户使用其他客户数据,从而诱使他们修改合同用户数据使用的条款。

(1) 相关市场界定为与网络广告相关的三个市场

基于该案合并双方经营的业务及市场调查对象的担忧,欧盟委员会将相关市场界定为网络广告版面提供、网络广告中介、网络广告服务技术市场,但仅在网络广告中介市场领域分析了 DoubleClick 大数据的竞争效应。在网络广告版面提供市场和网络广告服务技术市场领域,欧盟委员会只分析了 DoubleClick 和 Google 是否存在直接竞争和潜在竞争关系,并认为 DoubleClick 和 Google 因所经营的业务不同而不存在直接竞争关系,而且即便 Google 和 DoubleClick 在网络广告服务技术市场可能存在潜在竞争关系,但因为市场上还存在很多其他竞争者,合并也不会产生反竞争效应[128]。

(2) 大数据合并不会导致 Google 垄断广告市场

欧盟委员会只在网络广告中介市场调查了大数据合并所实施的排除竞争行为,认为根据《横向合并评估指南》(*Guidelines on the Assessment of Horizontal Mergers*)第六十条规定,审查潜在竞争影响时需基于两个前提:一是潜在的竞争会发展为有效的实际竞争力量,二是市场上未有足够的竞争力量对其施加竞争压力。欧盟委员会还认为没有证据显示 DoubleClick 的大数据能为其带来市场支配地位,因为广告商都倾向直接销售优质广告版面,而且都倾向同时选择两种以上广告形式进行投放广告,所以合并后 Google 没有能力迫使客户修改个人数据使用条款和交叉使用个人数据。相反,DoubleClick 还在做各种努力以防止客户流失,因为 DoubleClick 之所以能吸引客户正是因为其提供中立服务,不交叉使用数据。如果

DoubleClick 修改用户数据使用合同条款势必影响其中立态度，广告商和广告主就会另择他家。另外，广告商和广告主也不乐意授权 DoubleClick 交叉使用个人数据以提高竞争者的竞争力。

（3）大数据合并后 Google 无法垄断用于广告目的的大数据

就市场调查中第三方对合并后 Google 将垄断大数据的担忧，欧盟委员会也持不同态度，认为和竞争者相比，DoubleClick 所收集到的用户数据范围较窄，即便和 Google 合并以后也不能垄断大数据，因为其他活跃于网络广告市场的经营者也有能力收集类似的用户数据用于定位广告；交叉使用或联合使用大数据的新模式也不仅限于 DoubleClick 与其客户。例如，在雅虎（Yahoo）和 Blue lithium 合并案中，合并双方就可以交叉使用大数据，且所抓取的用户数据更广泛和有效。另外，竞争者还可以从第三方购买大数据。

欧盟委员会还认为大数据所带来的竞争力不仅由大数据数量决定，而且还由大数据类型以及大数据结构所组成的大数据质量决定，所以很多大数据不能被 DoubleClick 或者合并后的企业所复制。即便双方大数据合并成为 DoubleClick 的新投入，也不大可能将竞争力提升到其他竞争者所无法企及的地位，将竞争者挤出市场从而在中介服务市场享有定价权。所以，该经营者集中不会阻碍整个广告服务市场以及细分市场的有效竞争。

案例二：Facebook 和 WhatsApp 合并案

2014 年，Facebook 决定以 190 亿美元全资收购并控股 WhatsApp[129]。Facebook 的核心业务社交网络服务，旗下有一个用户通信应用程序——Facebook 短信（Facebook Messenger）。WhatsApp 是一个用户通信应用程序。Facebook 短信和 WhatsApp 的主要区别是用户数据使用和登录方式不同。欧盟委员会根据合并双方的业务将相关产品市场界定为用户通信服务市场、社交网络服务市场和网络广告市场，并在用户通信应用程序市场和网络广告市场对大数据合并进行了评估。

(1) 用户通信应用程序市场

欧盟委员会认为用户通信服务是一个快速发展的行业,其特征是市场准入频繁、创新周期短,所以市场份额大是暂时的,不能必然推断出市场支配力和损害竞争[129]。另外,Facebook 和 WhatsApp 不是直接竞争者,而且用户免费使用服务的行为具有多栖性,因此用户数据可携性不会成为用户转换服务的主要障碍。

在市场调查中第三方认为,用户数量和用户朋友数量对通信服务程序来说具有重要或核心价值,Facebook 和 WhatsApp 合并后很容易通过技术实现用户数据整合,比如开发跨平台交流[129]。针对该问题,Facebook 回应称很难通过技术自动将两个采用不同登录方式的系统用户匹配起来,需要用户手动才能完成[129]。欧盟委员会也认为技术整合并没有像第三方描述的那么直接简单,相反,可能会导致商业风险,将用户推向其他用户通信程序。鉴于此,交易不会产生消极竞争效应。

(2) 社交网络服务市场

欧盟委员会认为没有证据显示 WhatsApp 计划发展为社交网络服务和 Facebook 竞争,WhatsApp 和 Facebook 在用户互动和信息以及内容分享上相似,但二者有着重要的差异。因此,在社交网络服务潜在市场不是直接竞争者。

(3) 网络广告市场

Facebook 在社交网络平台上提供网络广告服务。为了提供定位广告服务,Facebook 收集和分析大数据,但不向广告主或者第三方以单独的产品形式出售大数据,也不提供大数据分析服务。WhatsApp 不收集和存储有利于广告的大数据,用户通过 WhatsApp 发送信息只存在用户的移动设备或选择的云上面。针对第三方的担忧,欧盟委员会审查了合并后 Facebook 使用 WhatsApp 用户数据及向 WhatsApp 用户投放广告的可能性。对此，Facebook 回应称，由于 WhatsApp 所获得用户数据并不具有独占性，所以 WhatsApp 的大数据最多只能作为 Facebook 广告定位的外围设施，不能提高 Facebook 广告定位能力。Facebook 也公开表示合并后不会修改合并双方用户数据使用的政策，所以交易不会对用户产生影响。欧盟委员会对此没有提出异议。

2. 欧盟大数据垄断相关市场界定实践的特点

（1）在评估大数据垄断竞争效应时，只界定广告服务市场

从上述两个案例中可以看出，欧盟委员会只审查了大数据对网络广告市场的竞争效应，没有评估大数据对 Google 搜索服务市场以及 Facebook 社交网络服务市场所产生的效应。在 Google 案中，欧盟委员会界定了三个与网络广告有关的相关市场，并未界定用户直面的搜索引擎服务相关市场。虽然承认 WhatsApp 的竞争优势源于大数据及其产生的网络效应，但欧盟委员会对双方大数据合并产生的效应分析仅限于网络广告中介服务市场，并未评估对 Google 搜索引擎服务市场及用户产生的效应。在 WhatsApp 案中，欧盟委员会虽然界定了社交网络服务市场，并意识到大数据集中可能产生潜在的竞争问题，但在分析大数据合并产生的竞争效应时也局限于网络广告相关市场，并未对社交网络服务市场进行分析。显然，在两个案例中，大数据合并将产生长远的竞争问题没有得到足够的重视。

（2）未评估大数据合并对用户产生的效应

在两个案例中，欧盟委员会均未对涉及的用户隐私政策进行额外审查，认为用户隐私不是竞争法框架下所要考虑的问题，应由其他部门法保护。在 Google 案中，欧盟委员会认为合并所产生的隐私问题不仅仅存在于 Google 和 DoubleClick 之间。在 Facebook 案例中，针对隐私政策改变问题时，欧盟委员会认为，合并后由于存在其他竞争者，WhatsApp 出于挽留用户的考量，没有动机改变其原有的用户

隐私政策,也无市场支配力迫使用户同意改变隐私政策。

然而,两个案例所显示的不仅是企业产品和服务的合并,还是大数据之间的合并。交易反映了传统竞争和消费者保护之间的相互能动作用。欧盟委员会应该特别审查大数据合并,尤其能够获得市场支配地位的大数据合并对竞争者和消费者的影响。虽然反垄断法和消费者保护相关法规关注的行为不同,但目标是一致的。

(3) 评估竞争效应时将所有线上大数据作为可替代产品

虽然欧盟委员会认为由于大数据类型和结构不同,Google 在合并后不能复制所有的大数据。但无论是 Google 合并案还是 Facebook 合并案,欧盟委员会在审查合并中大数据是否会导致竞争效应时,都将所有线上大数据作为可替代产品,没有将平台提供的服务功能性差异考虑进去。实际上,由于平台所提供的服务存在功能性差异,支持功能性差异的大数据也存在差异性,因此将所有线上大数据作为可替代产品是欠妥当的。

(4) 没有界定独立的大数据市场

在 Facebook 案中,欧盟委员会明确指出,由于 Facebook 没有向第三方出售大数据,也没有提供大数据分析服务,因此没有理由界定大数据潜在市场。根据反垄断法相关市场界定原则,大数据相关市场的界定需要存在大数据交易的行为。如果用户数据只作为中间产品而非交易产品,就不存在供需市场从而无法审查大数据的替代性,那么相关市场就无法界定[44]。显然,传统竞争分析方法没有捕捉到所有相关方的利益,没有反映出用户的价值。

4.3.2 大数据垄断对传统相关市场界定的挑战

相关市场界定的方法主要有需求替代法、供方替代分析法、弹性交叉分析法和潜在竞争分析法等。如果相关市场内的产品只是兼并产品遥远的替代产品,那么把它们包括在内就会夸大其重要性;而若把兼并产品有着弹性交叉关系的产品排除在相关产品市场以外,则又低估了其在竞争中的重要性[130]。从上文两个案例可以看出,欧盟在审查具有双边市场特征的大数据垄断主体合并时,是按照传统反垄断法原则进行相关市场界定和评估竞争效应的。这种界定原则显然忽视了大数据与兼并产品的弹性交叉关系,从而低估了大数据垄断在竞争中的重要性。Facebook 和 WhatsApp 成功合并后采取的一系列行动以及 Google 滥用市场支配地位的行为,很好地印证了在以大数据垄断为目的的经营者集中审查中该市场界定原则的不足。

1. 难以有效确保合并方在审查期间履行提供正确、真实信息的义务

大数据合并给企业带来的利益之大很可能会诱使企业冒险违法。如果企业违法成本低于大数据合并的利益,企业会根据利益考量选择采取违法措施让合并顺利实施。以 Facebook 为例,2016 年 Facebook 一改合并申报的承诺,向欧盟委员会提交了一份关于更新 WhatsApp 服务和隐私政策的报告。Facebook 在报告中提到计划将产品升级,而该产品升级需要匹配 Facebook 和 WhatsApp 的用户数据。此次 WhatsApp 服务与隐私条款调整包括向 WhatsApp 用户推销广告信息以及允许 Facebook 和子公司进入并使用 WhatsApp 用户数据。

根据《欧盟合并实施规定》(*EC Merger Regulation*)细则第五条和第三条第一款规定,申报方必须正确、全面和真实地披露合并相关的事实。欧盟委员会认为 Facebook 在提交申报信息以及回答欧盟委员会问题时,就自动匹配用户数据问题存在提供不正确或误导性信息[131]。

在 2014 年 Facebook 和 WhatsApp 合并审查期间,Facebook 已经在开发自动匹配用户数据的技术,且已经研究出了在安卓系统中通过电话号码进行用户身份匹配的解决机制,而该解决机制和

Facebook 服务升级用户数据匹配一致。Facebook 承认在合并审查程序启动期间,没有披露某员工已发现通过电话号码自动将用户数据匹配的可能性,甚至已有员工找到了自动匹配用户数据的解决机制,也承认在最后报告中没有明确用户数据匹配所面临的技术困难是特指跨平台大数据使用。针对 Facebook 的解释,欧盟委员会称 Facebook 在所提交材料中声称用户数据匹配不能自动完成,需要用户手动完成,而且已经明确指出是一般意义上的用户数据自动匹配,不是特指跨平台整合的用户数据匹配。

鉴于此,欧盟委员会认为,Facebook 在提供不正确或具有误导性的信息时存在故意或至少没有尽到注意义务。由于申报方提供真实、不具有误导性信息的义务对于欧盟委员会的合并审查至关重要,因此 Facebook 的违法行为性质严重。根据欧盟《并购管理规定》(*Merger Procedure Regulation*)第三条第一款(B),对 Facebook 予以不超过其营业额 1%的罚款。

2. 无法有效规制合并方滥用市场支配地位收集第三方用户数据

2017 年 12 月,德国联邦卡特尔局在通知 Facebook 对其滥用市场支配地位的初步法律审查结果中称,Facebook 在德国社交网络市场中占据市场支配地位,而且存在滥用市场支配地位行为[132]。Facebook 通过利用在社交网络市场中的支配地位可以无限制地收集第三方用户数据,包括 Facebook 旗下 WhatsApp 和 Instagram 的用户数据,也包括镶嵌在 Facebook 应用程序编程接口(APIs)的其他网站或应用程序。

德国联邦卡特尔局认为,在对 Facebook 进行初步审查时必须考虑到 Facebook 在欧盟社交网络服务市场中的支配地位,用户很难转向其他社交网络服务。用户对 Facebook 服务的使用依赖程度促使 Facebook 可以无限制地从第三方收集用户数据信息,并做各种大数据处理。因此，Facebook 的行为至少可以被认定为利用其与用户之间的力量优势违反了欧盟《通用数据保护条例》。从 Facebook 的市场支配地位视角出发，该行为不能被认为是用户同意了 Facebook 的个人数据收集和处理方式。当大数据成为一个企业经济支配力的关键因素时，用户数据保护、消费者保护法和竞争法应该相互作用[132]。与欧盟委员会在 Google/Facebook 案中持用户隐私不属于反垄断审查范畴的观点不同，德国联邦卡特尔局显然已经意识到 Facebook 用户数据和社交网络服务市场之间的网络交互性。

3. 未充分体现出大数据垄断者双边市场经济的交互性

从上述两个案例可以看出，反垄断执法机构被传统"没有价格就没有市场"的观念所误导，没有很好地区分双边市场交易和无交易市场[133]。欧盟委员会在界定相关市场时受传统反垄断法原则的限制，认为没有直接进行大数据交易和提供大数据分析服务，就无法界定大数据市场以评估大数据合并对用户服务的竞争效应。

但是，Google 和 Facebook 都是具有交叉网络外部性特征的双边网络平台，平台两边互相关注用户数量和特征。网络外部性与规模效应的存在使得双边平台倾向尽可能地扩大其双边规模，创造交易机会，实现交易的匹配，促使双边平台间的经营者集中。在双边市场中，向用户提供"免费"服务就意味着还存在"双生"的补充产品，两个产品的经济价值相互交融[45]。欧盟委员会在 Google 滥用市场支配地位案中承认，之所以将相关市场界定为通用搜索服务市场是因为虽然用户在使用服务时没有支付金钱对价，但用户所提供的个人数据为通用搜索服务的创收作出了贡献，所以通用搜索服务已构成"具有经济性的行为"。实际上，当用户在输入查询问题时就已经和 Google 缔结了合同关系[134]。Grunes 也认为，网络平台商业模式和传统商业模式的核心区别在于用户通过提供个人数据换取服务，但这并不意味着用户和网络服务提供商之间没有商业关系，实际上，用户和网络服务提供商之间就此缔结了合同关系[10]。所以,如果仅因为现行反垄断法制度规制不充分就忽略新商业模式不断引起的反垄断问题着实令人惋惜[46]。

因此,在界定相关市场时,需要进行整体考量,充分认识新技术带来的新问题,尤其是当满足用户偏好在商业竞争中充当越来越重要角色时,只有将不同技术的交融性作为主要考量因素才能更好地评估新技术发展或者用户偏好产生的竞争效应。在相关市场界定和竞争效应评估时,忽视双边市场的网络外部性以及产生的反馈循环效应(Feedback Loops),已然不合适。

4.3.3 相关市场界定的新思路

目前欧盟使用传统反垄断法规则来界定大数据垄断相关市场,没有很好地评估和规制反竞争效应。反观我国,以用户提供个人数据换取免费服务的平台的合并,在反垄断执法过程中也面临同样的挑战。以滴滴出行与 Uber 合并案为例,滴滴出行收购 Uber 在中国包括大数据在内的全部资产就可能构成涉嫌垄断行为。根据我国《反垄断法》第二十六条规定,经营者集中达到国务院规定申报标准的①,经营者应当事先向国务院反垄断执法机构申报。由于对滴滴出行平台的营业额认定缺乏权威标准,滴滴出行回应称合并未达到申报标准,所以不需要申请反垄断审查。但是滴滴出行与 Uber 合并之后几乎没有竞争者,对用户的消极影响也已凸显。即便如此,由于市场没有可替代的竞争者,平台双方(用户乘客和司机)都只能被迫选择滴滴出行,滴滴可以不受市场竞争压力对平台双边的用户施加

---

① 根据 2018 年修订以前的《国务院关于经营者集中申报标准的规定》第三条第二款,参与集中的所有经营者上一会计年度在中国境内的营业额合计超过 20 亿元人民币,并且其中至少两个经营者上一会计年度在中国境内的营业额均超过 4 亿元人民币才需要申报。

影响。

因此,随着我国对大数据垄断的认知不断加强,在未来类似以大数据集中为实质内容的合并案中,反垄断执法机构应对数据合并进行考察。基于现行法律框架和市场发展供需不匹配,可以引入动机原则、事实交易准则以及从其他部门法寻找法律基础进行制度补给,并在制度补给之下界定相关大数据市场和以大数据为驱动的用户服务市场,从而进行整体效率评估(图4.2)。

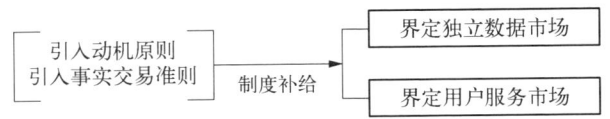

图4.2 有效规制大数据垄断的相关市场界定新路径

1. 制度补给

(1) 引入动机原则

判断规避法律风险的行为是否恶意,关键还要看其行为动机。如果不考虑企业合并或者交易的动机,企业就可以规避相应的法律规制。如果企业事实上进行了数据交易,而通过规避法律采取了其他行为,将对社会资源配置的效率产生消极影响。因此在评估以大数据为驱动的经营者集中竞争效应时,仅分析产品和服务的竞争效应显然不够,还需引入动机原则对涉嫌垄断的企业动机、行为方式以及市场竞争的整体影响加以慎重考察后才能做出判断。

(2) 引入事实交易准则

由于合并双方法律意义上所交易的是服务或产品,而非数据,但合并双方实际上进行的是数据合并。在这种情况下,可以通过审查交易额以及被合并企业营业额的价值来分析经营者集中的动机。如果营业额未达到反垄断审查事先申报标准,而交易额又远超合并企业营业额的,可推定该企业合并的是企业数据等其他资源。虽然网络平台的成功还需优质的资源和算法，但数据依然是一项重要的投入。

因此，反垄断执法机构应特别审查被兼并方的市场地位及导致市场地位的关键因素。以 Google 和 Facebook 为例，被兼并的 DoubleClick 和 WhatsApp 市场支配地位的关键因素都是数据优势。如果数据相关收入缺失的话，可以通过市场上同类数据是否存在潜在竞争以推定被兼并企业是否在数据市场享有支配地位，因为市场参与者不仅在终端服务或者产品市场竞争，而且也在数据市场竞争。

2. 界定独立的大数据市场

Graef 指出，在评估大数据对未来市场服务质量和相关性所引起的竞争效应时，可以借鉴欧盟《横向合并评估指南》中欧盟运行条约（TFEU）第一百零一条对研发合作以及知识产权在企业合并中的竞争效应评估，将大数据视为一种投入[135]。但笔者认为，在大数据已成为许多企业发展的基础设施情况下，大数据垄断带来的问题将会不断挑战现行反垄断规则，而大数据没有独占性以及数字市场具有较强的网络效应等特征与传统知识产权等存在差异。如果将大数据仅作为一种投入来评估竞争效应还不足以从根本上解决问题。鉴于大数据的特性和价值，如果事后采取行动也很难规制大数据垄断的竞争限制效应，因为如果大数据合并所带来的利益大于违法成本，企业出于利益考虑会选择违法。

另外，即便对合并后企业进行拆分，也很难降低其大数据的竞争优势，因为以大数据为驱动的互联网公司呈现出固定成本高可变成本低的特征，而且固定成本主要用于大数据开发和维护，所以市场新进入者很难打破大数据准入壁垒，以与市场支配地位者展开有效竞争[13]。Google 之所以能够取代当时的市场龙头 AltaVista 和 Lycos，是因为在 20 世纪 90 年代，通用搜索服务的索引技术还不能分析用户行为，用户数据规模效应还没有成为市场集中和支配地位的关键要素[134]。或者可以说,当时还未出现现在意义上的大数据。但是随着技术创新和大数据技术不断发展,Google 不断投入开发大数据和算法技术,不断巩固和加强其市场支配地位,将竞争者排出市场。从 2007 年开始,虽然许多新兴企业试图开发通用搜索服务,但没有一个企业能够建立起重要的市场地位。这些企业要么停止提供通用搜索服务,要么改为提供互补性服务,以避免和 Google 通用搜索服务展开竞争,如 DuckDuckGo 精准搜索引擎等都无法在通用搜索服务市场立足。显然,大数据已构成新的关键市场准入壁垒[134]。所以,对于合并双方法律意义上所交易的是服务或产品,而非大数据,但合并双方实际上进行的是大数据合并。在评估以大数据为驱动的经营者集中竞争效应时,仅分析产品和服务的竞争效应显然不够。反垄断执法机构应该有意识地审视新科技所带来的反垄断问题,以促进有效竞争[136]。

在此情况下,笔者认为,反垄断执法机构可以有意识地比对审查交易额以及被兼并企业营业额的价值来分析经营者真正兼并的资源。如果营业额未达到反垄断审查事先申报标准,而交易额又远超合并企业营业额的,反垄断执法机构则应特别审查被兼并方的市场地位及导致市场地位的关键因素。因为市场参与者不仅在终端服务或商品市场竞争,也在大数据市场相互竞争,这对于通过用户提供个人数据而无需用户支付金钱对价的网络平台来说更为突出。经营者相互竞争的不是价格而是服务质量,而服务质量的高低主要源于经营者所享有的大数据竞争优势。另外,网络平台还可以通过大数据改变需求,创造新的相关市场。所以网络平台的合并将越来越以大数据为驱动,对传统相关市场界定以及市场集中度的评估都将提出挑战[64]。

因此,只有单独界定大数据市场进行评估,才能反映出网络供应商从用户数据中所获得价值远远超出了个人数据收集时的初衷[25],

因为大数据市场的界定符合网络平台的特性。同时,还应评估大数据市场对用户市场及广告市场的竞争效应,只有这样才可以真实地反映市场现实情况,并防止以产品和服务合并为形式、实则进行大数据合并的行为成为法律规制的漏网之鱼。

3. 界定用户服务市场

按照传统对"免费服务"以及交易的法律界定,将用户同意收集和处理个人数据与服务商提供服务界定为两个独立的交易,这种认知与实践已经受到了很多批评。从欧盟委员会实践来看,由于相关市场的界定未评估大数据市场对用户服务市场的竞争效应,因此大数据垄断限制竞争效应及滥用市场支配地位也就无法得到有效规制。在目前反垄断法规制不足的情况下,可以考虑从其他部门法及判例中寻找法律基础。例如在欧盟,《数字内容供给合同指令》(*The Directive on Contracts for the Supply of Digital Content and Digital Services*)第三条指出,该指令适用于任何一种交易,包括供应商提供数字内容给消费者、消费者以提供个人数据而非金钱为对价换取服务的合同。欧盟委员会在 Google 滥用市场支配地位中对通用搜索服务市场界定时的论证理由都为用户服务市场的界定提供了法律依据。

我国应从欧盟的实践中吸取经验,充分认识到大数据垄断对企业未来潜在竞争的影响。在无法律可依的情况下,对相关市场界定中"价格"的经济性可作扩大解释,在未来立法中应增加用户数据提供为对价的交易形式。在立法之前,可以出台反垄断法相关市场界定的司法解释,以便反垄断执法人员有据可依。

纵观全球,与大数据垄断有关的案例,尤其是双边平台的大数据垄断案频发。从欧盟在类似案例中相关市场界定的实践来看,传统相关市场界定原则未能很好地评估该类型集中的竞争效应,也未能有效规制该集中带来的竞争限制效应。鉴于大数据垄断具有较强的网络效应，且大数据垄断主体大多为具有交叉网络外部特征的双边平台，经营者为了绕开法律规制采用迂回路线，不直接进行大数据交易，而是采取其他方式进行合并以规避对大数据垄断的反垄断审查。在这种情况下，反垄断执法机构应特别审查兼并企业核心竞争力的关键要素，对被兼并企业的营业额与交易额进行比较，以分析被兼并方企业的市场地位及其成因，进而确定交易是否出于服务或者产品以外的其他关键要素。因此，在市场多边属性无可争议时，应界定独立的大数据市场和用户服务市场，对竞争效率予以整体效果评估可能更具有积极意义。

第 5 章
基于事后救济的大数据垄断规制

5.1 丰富事后规则的必要性

事前规则对控制大数据垄断带来的竞争和消费者损害能够产生有效的预防作用,尤其是大数据驱动型经营者集中产生的相关消极效应。通过事前规则可以在一定程度上防止经营者集中产生的规模经济效应和效率低下,预防垄断的产生或加剧。但是,由于互联网的发展,在位企业通过线上活动已经获得了大量的消费者数据,并在服务市场、广告市场,甚至在衍生的一些相关市场已经获得市场支配地位,比如 Google 在搜索服务市场、网络广告市场、相关的数据分析(算法技术)市场都享有绝对的垄断地位。加之在早期,司法实践的经验不足和对大数据驱动型经营者集中的认知不够,未充分认识到大数据驱动型经营者集中所具有的潜在反竞争效应,导致很多大数据驱动型经营者集中都顺利通过,进一步加强了在位企业的垄断地位。对这些已经构成强大的市场垄断地位的企业进行剥离或拆分等结构性救济,具有较大的难度且执法成本较大。同时,对于通过原始服务积累的大数据垄断者进行拆分也缺乏一定的法律基础[137]。

在这种情况下,对于大数据垄断者的反竞争行为进行事后救济就显得特别重要。在事后救济中,主要有结构性救济和行为性救济两种。其中,拆分是一种典型的结构性救济,但是对于合并交易可能导致的某些反竞争效果的处理,行为性救济可能比结构性救济更合适。比如在纵向合并或混合合并案中,交易完成后可能会出现相关市场中基础设施的开放受到限制或封锁的现象。对此,运用资产剥离等结构救济措施的效果可能不理想,还会破坏合并特有的效率,产生不必要的成本。而通过行为救济来处理,比如运用非歧视性的许可等措施,可能在成功处理合并导致的反竞争效果的同时,还能最大限度维持合并的特有效率[90]。

在大数据垄断规制的事后救济措施中,行为性救济的具体措施,如非歧视交易、强制许可或开放设施既适合解决经营者集中后产生的反竞争问题,也适用于规制非经营者集中方式①获得垄断地位的企业实施的反竞争行为,因为救济措施适用的目的是促进竞争,遵循的基本原则是保持市场的有效竞争,而不是保护竞争者[89]。其中,非歧视交易、强制许可、开放设施等对规制大数据垄断者的反竞争行为具有积极作用。结合大数据固有属性,无论是经营者集中后形成的大数据垄断,还是基于原始服务积累形成的大数据垄断,都可以采取事后行为性救济措施,包括通过创设数据可携权,加强数据在各平台间的流动;在特定情形下,将大数据视为必要设施,适用必要设施原则强制要求大数据垄断者开放设施;同时,构建大数据强制许可制度。

5.2 数据可携权的创设

由于大数据在市场认知、消费者偏好、精准广告投放等方面提供

---

① 很多大数据驱动型企业的垄断地位一开始是通过提供有吸引力的服务获得的,比如 Google 在搜索引擎服务市场的地位。

的相关性无法通过理论推演获得,易于形成市场高度集中,且大数据技术开发呈现初期固定成本高、后期可变成本低,以大数据为驱动的双边市场具有较强间接网络效应等特点,大数据已构成市场准入的关键壁垒。和 20 世纪 90 年代 Google 取代当时的市场龙头 AltaVista 相比,现在新企业所面临的市场环境、技术环境以及法律环境都发生了较大的变化。首先,20 世纪 90 年代网络索引技术还不能分析用户行为痕迹,且数据规模还未成为市场进入的关键要素[71],数据准入未成为新企业与市场占有者抗衡的主要壁垒。其次,当时数据主体的数据素养普遍较低,对个人数据保护意识不强,数据准入的法律成本较低。但随着数据滥用和非法使用的案例频发以及欧盟《通用数据保护条例》的实施,全球数据主体的数据素养普遍得到提升,个人对数据所有权、国家对数据主权都给予空前的重视,意图进入市场者在数据准入方面面临较高的法律成本。另外,数据市场竞争生态较 20 世纪 90 年代也发生了较大改变,无论从国家还是产业来看,都出现了高度集中的现象,新企业在数据准入技术和资金方面均存在劣势。

因此,如果不解除数据准入障碍,加强数据的可携性,就难以规制大数据垄断现有和潜在的竞争效应,将严重阻碍数字经济发展。欧盟在过去 20 年没有抓住互联网行业发展的最佳时机,后来充分意识到大数据垄断对数字经济发展的消极效应,创设了数据可携权,试图通过保护数据主体的隐私来降低大数据垄断者对消费者的侵害,同时通过向数据控制者施加义务来促进数据的自由流动,激活数据市场的活力。

虽然数据可携权制度构建的基本前提是在民法意义上明确数据的财产权属性与权利主体,旨在通过赋予数据主体对个人数据的控制权,以降低企业对数据主体造成的损害,比如个人信息权的侵害、限制转换服务等。但是通过数据可携权发挥个人数据保护本质上是通过促进市场竞争来降低垄断者对个人造成的封锁效应，所以欧盟数据可携权实际上发挥着数据保护和竞争规则的双重功能。这正是为何欧盟在赋予个人数据删除权、被遗忘权、数据纠正权等之后，又新创设了数据可携权的重要原因，因为从某种程度上来说，传统的个人数据删除权、被遗忘权、数据纠正权等可以较为充分地保障数据主体对个人数据权益的保护。

大数据垄断者的数据封锁能力对新企业造成了极大的准入障碍。而数字市场结构本身（双边市场、网络效应、规模经济等特征）以及企业通过服务创新和技术创新形成的大数据垄断，和垄断者实施的滥用市场支配地位行为（如拒绝交易必要数据、数据驱动型并购等）不同，数字市场结构以及服务创新形成的大数据垄断具有一定的合法性，直接通过反垄断法的相关规则进行救济缺乏充足的理论基础，比如强制要求大数据垄断开放大数据就需要满足一定的构成要件，而数据可携权的创设可以弥补这一不足。数据可携权实际上是通过扩大数据供给来源以促进数据准入，从而促进市场竞争，以降低大数据垄断者对个人使用服务的锁定效应，正是为了应对大数据驱动型市场结构特征带来的执法挑战。所以，可以说数据可携权从创设之初，就被赋予了强烈的竞争法功能。

由于本书研究的重点是数据可携权制度安排的竞争法功能，受研究重点和篇幅限制，对关于数据可携权在民法意义上的权利属性与权利主体不展开详细的探讨。本书以数据准入为进路，主要分析欧盟数据可携权对大数据垄断规制的作用、局限以及对我国数据可携权制度安排的启示。

5.2.1 数据准入障碍类型

准入障碍是提高新企业进入市场难度的一个因素。虽然成本差异是市场结构最重要的影响因素，但是准入障碍也会对市场有效竞争产生阻碍作用。如果准入门槛很高,一个行业就很少会有新企业,现有企业面临的竞争压力也有限。经济规模、法律限制、市场进入高成本、产品异质性、广告构成了市场进入的主要障碍[72]。其中,经济规模、市场准入高成本障碍在数据准入中尤为突出。数据准入障碍可以归纳为法律障碍、技术障碍,以及市场障碍三个方面,这三个影响因素很多时候互相作用,此消彼长(表5.1)。比如技术障碍有时会催生新的法律障碍,新的法律规定又会造成新的技术障碍。因此,识别出阻碍数据准入最重要的影响因素对建设充满活力且可持续发展的数字环境至关重要[138]。

表5.1 数据准入障碍类型

法律障碍	技术障碍	市场障碍
● 数据保护法:绝大多数阻碍 ● 知识产权法:阻碍 ● 隐私法:间接阻碍 ● 网络安全法:赋能＋阻碍 ● 竞争法:阻碍＋赋能	● 开发的高技术成本 ● 技术可用性和质量 ● 数据存储标准化缺失 ● 数据传输设备不兼容	● 数据固有属性和双边市场的交互性 ● 数据交易机制不完善 ● 设置技术壁垒 ● 签订排他性使用协议 ● 提高交易价格和条件 ● 拒绝数据交易和许可

1. 数据准入的法律障碍

法律障碍在数据准入障碍中发挥着越来越重要的作用,对数据准入,无论是自己收集原始数据还是接收从其他数据控制者处迁移过来的数据,都会产生直接或者间接影响。法律障碍包括隐私保护、数据所有权、限制利用数据实施歧视和不公正行为等相关规定[15]。法律障碍的高低受司法以及司法所体现的产权和诉讼规则范围影响[139]。其中,不同的部门法对数据准入产生不同的影响。对数据准入产生影响的有数据保护法、隐私法、网络安全法、知识产权法、竞争法和消费者权益保护法。数据保护法、知识产权法绝大多数情况下对数据准入发挥着阻碍作用,因为数据所有者会阻止数据使用者准入数据或者充分开发数据价值,除非配套完善的法律法规确保数据所有者能够有效共享数据。网络安全法兼具赋能和阻碍的作用。如果网络安全法制定过于严格,就会发挥阻碍效应,但通过建立更安全可信的环境,可促进数据再使用。竞争法也兼具数据准入阻碍和赋能作用,主要看其针对的对象。对于大数据垄断者来说,是阻碍了其数据准入;对促进市场公平而言,则发挥赋能作用[140]。大数据所有权归属不明确也是阻碍数据准入的另一法律障碍[15]。

法律障碍还会催生新的技术障碍和市场竞争障碍[15]。如法律限制某一种技术方式收集数据,有时候会反过来加强大数据垄断者的市场支配地位,因为大数据垄断者收集数据的技术更先进,因此法律规定反而间接扩大了市场支配者和新企业的数据准入差距。

另外,为了遏制他国企业发展和竞争力提高以便为本国企业谋求发展时机,各国还可能以个人数据保护和数据主权独立为工具,对数据资源及其相关技术进行单边控制,从而对他国企业有效获取数据实施法律障碍。

2. 数据准入的技术障碍

数据准入的另一主要障碍来自技术。和传统产品以及服务垄断不同,数据数量、质量和使用与技术息息相关,并相互作用。由于技术障碍在数据准入中扮演着重要角色,大数据垄断者会通过技术封锁竞争者进入数据。数据准入的技术障碍主要体现在三方面。

(1) 大数据开发的高技术成本阻碍了新企业数据准入

对于很多产业来说,除了法律障碍,经济障碍也非常具有显著性。现有企业会进行大量的隐性投资,新企业要进入市场首先必须在资金投资上与之竞争,高昂投资成本将导致新企业难以提供可获利润的产品进入市场[72]。这对以大数据为驱动的企业来说尤为明显。用于数据收集、分析和使用的主要是大数据技术,大数据技术水平的高低直接影响了数据收集的能力、数据分析相关度的高度以及使用能力。而大数据技术开发成本非常高,且用于数据分析的算法技术精进,不但需要大量资金投入,还需要大量的数据以提升结果相关度。像 Google 等市场龙头企业每年都花巨资对数据收集、分析、使用等技术进行投资,而且并未因为其已占有市场支配地位就降低了资金投资量。相反,其他新企业较大程度上因为投资资金无法与市场龙头企业抗衡最后退出了市场。因此,技术开发的高成本为新企业准入数据设置了一道障碍。

(2) 大数据技术的可用性和质量是数据准入的另一技术障碍

用于数据收集和分析的算法技术,其可用性和质量是造成数据准入的另一技术障碍[15]。算法技术的先进程度决定了企业收集数据的数量、质量以及分析结果相关性程度。大数据驱动型商业模式与规模经济、范围经济和网络效应具有直接关联性,算法的改进受大数据分析师对现有数据相关性分析结果的影响,大数据质量反过来能够提升算法技术高度。因此,算法技术的可用性对数据准入产生直接影响,尤其是在以大数据为驱动的商业模式中,影响更为突出。

(3) 数据存储标准化缺失和传输设备不兼容阻碍了数据准入

目前,各企业都是根据自己偏好和需求按特定的序列存储数据,数据存储格式不一。如果数据存储还需特定设备、系统或管理软件,意图获取数据的企业就必须更换数据存储的相关设备或系统,对数据准入者来说无疑额外增加了高昂的成本,降低了企业置换设备的动力,因为很多企业无力投资数据存储设备。数据存储格式差异性和设备缺乏互操作性为数据准入产生了锁定效应。因此,数据存储阶段最大的准入障碍来自数据锁定效应和转换成本[15]。大数据标准化制度的缺失和设备的不兼容严重制约了数据准入和数据有效共享。

另外,技术障碍还会催生市场竞争障碍,大数据垄断者会设置数据准入障碍排除竞争。如技术障碍强劲,可能催生法律障碍以保护隐私或者其他社会目标。因此,技术障碍还将引发数据准入的法律障碍和市场障碍。

3. 数据准入的市场障碍

除了法律障碍、技术障碍,数据准入还存在非常显著的市场障碍。以大数据为驱动的商业模式呈现平台化、规模化以及动态化等特征。规模效应和动态特征利于大数据垄断者不断巩固和加强市场支配地位,对新企业的数据准入和进入市场造成了强大的阻力。

(1) 数据固有属性和双边市场的交互性阻碍了新企业数据准入

数据固有特征很容易导致市场集中和阻碍市场进入,容易出现赢者通吃的结果[11]。虽然产品的多样性和用户多栖性会降低市场集中程度,但以大数据为驱动的产业具有强规模效应,且是建立在对用户网络行为认知的基础之上,新的市场准入者没有获得大量数据,难以提供有针对性、相关性高的信息,用户很难转向新企业[20]。另外,以数据为驱动的市场竞争程度主要受间接网络效应的影响。正是由于这种间接效应,互联网企业在数据市场的集中程度可能比其他行业更高。

(2) 数据交易机制不完善阻碍了数据准入

交易信息不通畅、产权不明确是数据准入的另一市场障碍。对相关市场中谁拥有相关数据、数据产权归属情况、数据存储是否兼容、交易成本如何、数据质量与安全程度、是否会侵犯数据主体的利益以及维权方式等信息缺失,导致新企业的数据准入缺乏安全性。在交易市场信息不充分甚至是匮乏时,新企业做决策时将面临较高的市场和法律风险,会大大降低新企业准入数据的积极性。因此,优化数据交易机制和制定相关法律法规是促进数据准入的另一迫切需要解决的问题。

(3) 大数据垄断者试图全方位封锁新企业数据准入

大数据垄断者为了巩固和加强其在各相关市场的垄断地位,可能通过技术设置数据准入障碍、和用户签订排他性使用协议、拒绝交易或者许可数据、提高数据交易或者许可条件和价格等封锁新企业数据准入。

可见,新企业在数据准入上面临多重障碍。重要的是,无论是法律法规或市场结构导致的绝对障碍,还是大数据垄断者行为所致的战略性障碍,都能够进一步促进大数据垄断者在不同相关市场的支配地位。这是因为：首先,从法律障碍来说,大数据垄断者已经在服务或产品市场和数据市场占有市场支配地位,其应对数据收集和使用的法律风险能力更强。同时,数据主体基于对服务质量的认可,更愿意提供数据,为其提供了源源不断的数据原材料。从欧盟的《通用数据保护条例》实施情况可看出,刚实施时关闭的企业很多都是小企业,因为它们没有能力应对法律合规成本。因而,高法律障碍在某种程度上也会加强大数据垄断。其次,从技术障碍和市场障碍来看,大数据垄断者占有的竞争优势更为明显。大数据垄断者在数据、资金以及算法技术等方面享有的竞争优势,是新企业无法与之抗衡的。另外,大数据垄断者实施的一系列封锁数据准入的行为,可以进一步巩固大数据垄断者市场支配地位。

因此,破解数据准入的障碍、提高数据的可携性是规制大数据垄断的有效措施之一。为此,欧盟创设了数据可携权,希望能够在对数据主体的基本权益进行保障的同时,降低大数据垄断对数据准入产生的封锁效应,尤其是对数字市场结构本身(双边市场、网络效应、规模经济等特征)以及企业通过服务创新和技术创新形成的大数据垄断。

5.2.2 欧盟数据可携权制度的竞争规则

1. 欧盟数据可携权竞争规则的作用机理

关于数据可携性的积极作用,欧美学者已有探讨。Ahmed 提出要解决云计算的互操作性和可携性,政府应该围绕数据可携性制定相应规则。数据可携性是解决云计算可携性的核心[141]。欧盟致力于建立数字经济领袖地位,试图解决欧盟境内法律复杂性导致的数据准入不确定性,打破欧盟境内数据的静止和促进欧盟内数据的流动性,2010 年以来先后制定了《欧洲数字日程》(*Digital Agenda for Europe*),及各种法律和政策以促进数据的流动、共享和再使用。2015 年 5 月,欧盟委员会制定了《数字化单一市场战略》(*Digital Single Market Strategy*),旨在解决和消除当前数据自由流动的障碍和限制。在法律方面,欧盟主要是通过统一立法《通用数据保护条例》,试图通过欧盟法律一体化以创造法律确定性,促进数据的流动,并在《通用数据保护条例》中创设了数据可携权,即规定数据主体如果向数据控制者提供了与其相关的个人数据,那么数据主体有权从数据控制者那里获取结构化、通用、机器可读的数据;同时,在技术可行的情况下,数据主体有权要求数据控制者将数据直接转移给其他数据控制者,数据控制者不得进行阻碍。

数据可携权的创设建立在这样的理论基础之上,即数据可携性可以降低垄断力和改善市场竞争环境,从而新企业可以利用数据进行服务创新并将顾客从现有服务中吸引过来[142]。在数据可携权制度框架下,数据主体可以以低成本或者零成本转换使用不同服务商,从而降低服务转换的锁定效应。由于大数据的间接网络效应,以数据为驱动的服务转换成本很高,比如 Facebook、微信等社交网络平台,用户一旦开始使用该服务,即便发现有自己更喜欢的社交网络服务,但是由于服务转换时数据搬迁存在技术难、成本高以及朋友圈等原因也会放弃。所以数据规模效应和间接网络锁定数据主体服务转换,降低了市场竞争和巩固了大数据垄断者的市场支配地位。数据可携权的创设则可以促进数据主体使用不同服务商提供的服务体验,降低用户主体在选择不同服务商服务时的转换成本。实践显示,数据可携权还可以被用作为取悦消费者的一种商业战略[143]。

欧盟充分认识和高度重视大数据垄断对服务转换的锁定效应，因此在构建数据可携权制度时试图赋予数据主体对个人数据的持续控制权和对数据控制者施加数据可携义务来促进新企业，尤其是在资金和技术方面处于劣势的中小新企业对数据的获取。为此，欧盟在数据可携权竞争规则功能的制度设计上做了两个安排：第一，数据可携权规定数据主体有权要求数据控制者直接将数据转移给另一数据控制者，无需数据主体自行迁移。第二，为了防止大数据垄断者通过数据准入的技术障碍来阻止数据迁移，欧盟数据可携权规定数据控制者必须以"结构化、通用、机器可读"的格式转移数据。有学者建议将"通用格式"改为"现用格式"[144]。笔者认为，对"通用格式"的规定正是为了避免大数据垄断者通过技术壁垒以阻碍数据转移，如果大数据垄断者采用现有存储模式，新企业难以在技术上实现数据接收。同样，对"以结构化、通用和机器可读形式"进行数据迁移的制度安排，本就旨在打破大数据垄断者通过技术封锁来阻碍新企业准入数据。因此，欧盟数据可携权制度安排扩大了数据主体的权利和数据控制者的义务，是促进数据自由流动和数据控制者之间竞争的重要工具，甚至可以说是数据竞争政策的核心。

2. 欧盟数据可携权竞争规则功能的具体表现

大数据垄断者通过技术和提高数据迁移成本来锁定数据主体对服务的依赖度，进而将新企业排出市场。数据主体在转换服务时能够以较低成本或者零成本带走促进市场竞争所需要的个人数据，对于提高数据可携性和数据流动性、促进新企业的数据准入和市场进入是至关重要的。数据可携权制度的设计在规制大数据垄断者对数据准入的封锁方面发挥着积极的作用。

（1）提高数据主体的不同服务体验，降低大数据垄断者对用户的锁定效应

数据可携权为数据主体提供了享受不同服务体验的选择，同时

不用担心迁移个人数据所带来的各种阻碍。以社交网络为例,数据主体在转换到新服务时需要迁移邮箱地址、电话等联络方式,照片、日志等个人数据,同时由于大数据垄断者的市场支配地位享有巨大的用户群,数据主体在该服务的朋友圈如果没有迁移,数据主体也会苦于自己朋友圈未迁移而无法实现联络目标,最终放弃使用新服务。因此,数据主体最终选择使用的服务并非是自己所偏好的服务,而是迫于数据迁移和网络效应才使用的。数据可携权制度安排赋予了数据主体可以在提供相同服务的供应商中低成本或者零成本自由转换,还可以享受新企业带来的额外增值服务,因为在数据主体同意下,新企业可以获取个人数据,并利用该数据提供新服务。

(2)降低新企业数据准入门槛

新企业准入数据除了面临法律障碍之外,还面临着大数据垄断者施加的技术和市场障碍。以大数据为驱动的市场出现全方位高度垄断的现象,在一定程度上说,在现有的大数据生态环境下,新企业数据准入的最大障碍直接和间接来自大数据垄断(数据准入的法律障碍较大程度上也是由大数据垄断所催生)。如果缺乏数据可携性,那么市场准入门槛会提高,会阻碍市场和技术的发展从而损害消费者利益。由于大数据垄断者利用数据竞争优势不断扩大其市场版图,将垄断地位扩大到整个产业链和产业圈,不但导致现有服务的竞争者难以进入市场,而且改变了其他相关市场的竞争格局,最终导致不同相关市场的新企业都难以进入市场。数据可携权的创设是从数据供方源头着手,降低数据准入壁垒,促进数据自由流动和对经济社会发展的赋能作用。比如淘宝平台商家建立的商誉,如果商誉数据不能迁移到其他平台,那么商家就不愿意转移到其他平台,因此降低服务转换的锁定效应需要加强数据可携性。如果不降低新企业数据准入障碍高度,促进数据有效流通,对整个市场竞争都将产生巨大的危害。

（3）提高数据主体贡献数据的意愿，丰富数据供给

由于《通用数据保护条例》的实施，数据主体的数据素养得到空前提高，数据主体对个人数据安全、隐私保护等意识增强。如果数据使用环境不健康，数据主体对自己所提供的数据缺乏控制权，出于数据安全的考虑，会怠于提供个人数据，从而导致数字经济发展原材料缺乏。因此，数据可携权的制度安排赋予了数据主体对个人数据的持续控制权，提高了数据主体对个人数据使用的风险控制能力，以及对网络环境的信任，进而提高了数据主体提供数据的意愿，丰富了数据的多样性，为数字经济发展提供原材料。

3. 欧盟数据可携权对数据准入赋能和大数据垄断规制的局限性

虽然欧盟对数据可携权制度安排的初衷是从供方源头上解决数据准入锁定问题，从而解决大数据垄断带来的数据流动停滞问题。但是，欧盟数据可携权制度实施效果及前景还有赖于对规则的理解、与其他法律领域的互动以及不同应用程序数据再使用的能力[143]。虽然欧盟在创设数据可携权时已经考虑到可以通过技术和利用大数据垄断的网络间接效应封锁数据准入，并力图通过加强数据主体的数据控制权来解决该问题。但是由于欧盟在数据可携权具体制度设计上对数据种类、数据权利主体的限制以及对平台间互操作性强制规定犹豫不决的态度，数据可携权在具体实施过程存在较大不确定性，其对数据准入的有效促进被抑制。

（1）数据可携权规定的数据种类不明确

在大数据使用的整个价值链中，主要存在三大类数据：第一类是数据主体提供的个人数据；第二类是基于大数据技术获取的数据主体使用服务或产品时留下的行为痕迹数据，即观测数据；第三类是大数据控制者基于算法技术对第一类和第二类数据进行分析所得数据，称为衍生数据。欧盟在《通用数据保护条例》第二十条明确规定

数据可携权的权利客体是数据主体"提供"(provided)给数据控制者的数据,而不是数据控制者"收集"的数据。数据控制者收集到的数据原则上应包括数据主体主动提供的数据、在使用服务时行为痕迹留下的数据以及数据控制者从第三方获得数据。也就是说,从欧盟数据可携权规定来看,如果按照"提供"的严格定义,欧盟数据可携权只包含了第一类数据。用户在使用服务时留下的行为痕迹是否能界定为"提供"还有待于不同解读。因此,欧盟数据可携权在数据种类的界定上就具有模糊性和不确定性。

首先,关于行为痕迹数据等观测数据是否纳入数据可携权范围不确定。在实际操作中,行为痕迹数据对企业来说价值之高甚至超过了数据主体主动提供的个人数据,因为行为痕迹的数据能反映数据主体的心理状态、购物偏好、生活习惯等,正是这些数据为服务商创造了巨大的价值,也正是这些数据难以被新企业获得。其次,用户网上行为痕迹有时候既包含数据主体提供的数据,也包含服务商创建的数据。如果数据可携权规定的数据只包含数据主体提供的数据,那么数据控制者在迁移数据时存在较大的困难,因为数据迁移时还需将个人数据和服务商创建的数据分别提取出来。此外,关于商家信用等数据是否纳入数据可携权也不明朗,但这对网络平台来说又尤其重要。例如,淘宝的买家在购物时输入交易支付等信息时,服务供应商会根据用户的信息创建一个用户档案,还有电商平台会根据买家的评分给卖家一个商誉等级。这些数据从严格意义上来说都不属于数据主体提供的个人数据,但又是基于数据主体提供的数据创建的,而且对卖家非常重要。因此,如果数据可携权的权利客体只推及数据主体提供的个人数据,那么数据可携权的竞争功能作用是非常有限的[144]。

其次,对于第一类数据,数据可携权没有区分数据主体提供的个人数据中如果包含了他人数据,是否也对此享有可携权。比如在与他人互动中,包含了他人数据,数据主体是否享有可携权。还有如果数据控制者从第三方获得有关数据主体的个人数据,数据主体是否对此享有可携权,欧盟数据可携权制度均未明确。

最后,从欧盟数据可携权规定来看,第三类数据显然不在权利客体范围内。但是第三类数据其实是最有价值的数据,因为数据控制者利用第三类数据可以预测商机、提高服务、提升算法技术,反过来不断精进的算法技术又可以提高抓取和分析数据的能力,加强和跨界传导其市场垄断力。大数据垄断者的市场竞争优势更多来自第二类和第三类数据,但欧盟数据可携权具体制度设计时未对这两类数据的可携性进行明确,导致具体操作时存在较大不确定性,限制了其竞争功能作用的发挥。

(2) 数据可携权权利主体有限

《通用数据保护条例》开篇就明确所保护的数据是指个人数据,数据主体是指自然人。因此,欧盟数据可携权的权利客体中未包括非个人数据,权利主体未包含企业,也就是说网络提供商等企业没有权利通过数据可携权要求准入数据。但是,在大数据高度垄断情境下,作为数据主体的个人实际上与大数据垄断者相比存在明显的劣势,作为用户的数据主体要么放弃使用该服务,要么就要继续提供自己的数据。在市场缺乏竞争,市场环境本身失灵的情况下,个人只能被迫使用大数据垄断者提供的服务,比如滴滴出行。虽然滴滴出行安全事故发生后,用户掀起一股卸载风波,但由于市场上没有可选择的替代服务,用户在需要用车时又只能继续使用滴滴出行。因此,欧盟数据可携权将权利主体限制在自然人,很大程度上限制了对数据准入的促进效应,因为数据主体难以获悉市场上是否有潜在的替代性服务,除非可替代的服务已经享有一定的知名度。另外,大数据垄断者实施的商业战略经常在发现潜在竞争者时就已经将其收购或者直接扼杀在摇篮中。

(3) 数据可携权实施的互操作性不足

互操作性是兼容性的狭义定义,是指在不同系统、应用程序间转移和存储数据的能力。根据产品服务或者平台间的竞争关系,互操作性可以分为横向兼容和纵向兼容。如果服务或者产品及平台是竞争关系,那么则是横向兼容[145]。为了确保数据可携性的实现,需要采取一定的技术措施以促使不同的数据控制者可以无缝转移数据,这就要求数据的存储方式具有互操作性或者采用标准化的数据存储格式,否则不同数据控制者难以相互转移和使用数据。欧盟在 2010 年《欧洲数字日程》中就指出,缺乏互操作性是阻碍数字化建设七大主要障碍之一[146],随后在 2015 年《数字化单一市场战略》中又指出不同服务商之间在数据准入方面缺乏可携性和互操作性是阻碍数据跨境流动和开发新服务的障碍[147]。有限的互操作性和数据可携性会阻碍数据主体使用其他互补性服务的可能性,降低数据主体在不同供应商之间转换数据的可能性[142]。相反,高互操作性可以促进市场准入、提高多样性和开放性等一系列社会福利[148]。当垄断者可以单方决定互操作性的程度,并为设定互操作性障碍而进行相关投资以阻止竞争者时,竞争法就应该介入[145]。政策制定者在创造法律规定激励企业实施高互操作性方面应充当重要的角色[149]。

然而,欧盟出于各方利益平衡考虑,最后在《通用数据保护条例》第六十八条规定应当提倡互操作性以促进数据的可携性,并未强制性规定平台需提供具有互操作性的数据格式。从欧盟实践来看,对互操作性问题主要采用事后补救措施,只在垄断者拒绝实施互操作性以实现滥用市场支配地位时才会被要求强制实施互操作性,也就是说如果强制垄断者实施互操作性的话,必须先证明垄断者拒绝实施互操作性是为了滥用市场支配地位。欧盟采用事后补救的措施不利于数据可携权的实施,比如微信、Facebook 这样的社交平台,如果不强制具有支配地位的网络进行相互连接,数据可携权是否可以有效实施还是存疑的,因为不同的社交网络在用户登录方式、用户提供的数据格式、数据内容都存在很大差异。如果不实现互操作性,那么关于用户提供的数据档案很难迁移。因此要促进数据可携权的实施,平台间互操作性是关键要素。

另外,欧盟关于数据可携权的实现期限也没有规定,对数据控制者怠于配合实施数据可携权缺乏期限的约束。

5.2.3 我国数据可携权的制度设计

虽然欧盟已充分考虑到了数据可携性对新企业数据准入的重要性,并试图通过赋予数据控制者义务以打破数据准入的壁垒以及数据和服务转换的锁定效应,但欧盟在设计数据可携权具体制度时更多是建立在理想情境下的,未考虑实际操作的复杂性和多样性。此外,在技术兼容性上又摇摆于数据接收者和数据传输者之间的利益矛盾,并未对平台间数据存储的互操作性进行强制性规定,导致数据可携权在现实操作中存在很大的不确定性。但尽管如此,欧盟数据可携权的创设是通过加强数据可携性打破数据准入壁垒的一个有益尝试,其制度设计的优劣为我国未来建立数据可携权制度提供了有益的启示。

在我国法律规定中,对个人数据用"个人信息"来表述,与欧盟"数据主体"相对应的是"信息主体"①。最早,在《中华人民共和国个人信息保护法(草案)》(以下简称《草案》)第十六条对数据可携权作了相关规定,规定信息主体有权就其被收集处理的个人信息获得对应的副本,并在技术可行时直接要求信息控制者将这些个人信息传输给另一控制者。在2021年正式实施的《中华人民共和国个人信息

---

① 我国在《个人信息保护法(草案)》(以下简称《草案》)中对数据可携性的相关规定使用了"信息可携权"的表述。为了防止歧义,本书在讨论《草案》可携权内容以及提出具体立法建议时,沿用了"信息可携权"的表述,但其他地方均使用"数据可携权"的表述。

保护法》中,删除了《草案》这一条,而是在第四十五条第三款中规定,"个人请求将个人信息转移至其指定的个人信息处理者,符合国家网信部门规定条件的,个人信息处理者应当提供转移的途径。"该条款被普遍认为引入了"数据可携权",但依然对数据种类、数据格式等未作规定。且相较《草案》,删掉了"技术可行"这个相对具体的条件,给执法留下了很多不确定性。

为避免如欧盟数据可携权在操作中的不确定性以及对竞争促进功能的抑制,我国在数据可携权的制度设计时可以对数据进行分类,并作扩大解释,就信息主体对个人数据和观测数据的信息可携权进行规定,同时明确技术可行的具体界定。另外,由于未来个人信息保护法保护的是自然人及其个人数据,企业对数据可携性的诉求以及关于衍生数据的可携性在个人信息保护法中作相应规定不是最优选择,因此可以考虑在竞争法或其他法律规定中做相应的制度安排,以填补个人信息保护法对数据可携权规定的不足。在特殊情境下,将衍生数据纳入数据可携权范围,并赋予企业附条件的有限可携权。

1. 对数据进行分类,扩大数据可携权权利客体

如果数据可携权的创设是为了降低对数据准入的锁定效应和市场竞争,那么只有将个人数据扩大到观测数据才能较好地实现该目标。《中华人民共和国个人信息保护法》将个人信息界定为以电子或者其他方式记录的与已识别或者可识别的自然人有关的各种信息,不包括匿名化处理后的信息,并未说明数据(信息)可携权规定的权利客体是否限定为被数据控制者"收集"的数据。笔者认为,对此应作扩大解释,将数据(信息)主体在使用服务时留下的行为痕迹包括在内。

首先,对用户提供的个人数据、观测数据和衍生数据三类不同数据进行区分,并制定不同的数据准入政策。将个人数据和观测数据纳入《中华人民共和国个人信息保护法》的信息可携权范围内进行规定,并采用列举式将个人数据区分为由数据主体提供的本人数据、他

人数据以及第三方提供的个人数据。相关的司法解释规定，个人有权就其被收集处理的个人信息，在技术可行及不影响信息控制者开展正常业务时直接要求信息控制者以结构化、通用、机器可读的格式在合理期限内将这些个人信息传输给另一控制者。个人信息应包括但不限于以下数据：① 个人主动提供给信息控制者的本人信息，但不包括所提供的他人信息；② 信息控制者从第三方获得的与信息主体有关的个人信息；③ 信息控制者在信息主体使用服务或者产品时留下的观测数据信息等。技术可行性确定可参照相关行业标准，利用技术限制数据转移等排除、限制市场竞争的行为，依照《中华人民共和国反垄断法》等法律、行政法规的规定处理。其次，为促进衍生数据的流动，当衍生数据成为新企业的必要设施，且大数据垄断者企图通过拒绝交易和许可、提高交易或许可条件和价格等实施数据准入封锁时，应将衍生数据纳入数据可携权的权利客体，可在竞争法框架下进行相关规定。

2. 加强大数据垄断者数据可携的相关义务，扩大数据可携权的权利主体

在特定条件下，应将企业纳入数据可携权的权利主体。首先，在电商平台行业，应赋予商家对评价等级、商誉等级等类似数据享有数据可携权，这样商家在转换电商平台时可以转移该数据，以降低服务锁定效应。其次，虽然大数据垄断者对衍生数据付出大量的资金等投入，但其原材料是来自个人数据，因此对衍生数据所享有的应该是有限产权。对于大数据垄断者试图排除数据准入以巩固或者加强市场支配地位的，而数据为新企业开发产品或服务的必要设施时，且大数据垄断者试图通过拒绝交易、提高交易或许可条件封锁新企业数据准入，以达到排除限制竞争效果时，可以在反垄断法的实施细则或司法解释中加以补充规定，将该行为认定为滥用市场支配地位行为，并赋予新企业享有附条件的有限数据可携权，同时赋予大数据垄断

者一定的求偿权以平衡双方的利益冲突,当双方数据许可协商不成时,可以借鉴标准必要专利中的 FRAND 许可原则。实际上欧盟委员会在《数字化单一市场战略》中也建议在数据许可中建立 FRAND 许可原则以促进数据准入[150]。

3. 建立数据可携权实施的技术支撑配套政策

《中华人民共和国个人信息保护法》删除了《草案》中规定的"在技术可行的情况下",改为"符合国家网信部门规定条件"。法条的概括性表述,使得执法更具不确定性。数据的传输有赖于技术的可行,技术可行性界定标准是什么?是否包括接收者技术不可行?谁来确定技术是否可行?这些都不具确定性。如果数据控制者以技术不可行作为理由拒绝履行信息可携权的相关义务,那么信息可携权的规定就是形同虚设。其次,《中华人民共和国个人信息保护法》中信息可携权对数据存储格式、数据迁移存在的兼容性问题都未作规定,极大阻碍了信息可携权未来的实施前景。为加强数据可携权的操作性,我国在数据可携权制度设计时应建立数据可携权实施的配套政策(图 5.1)。虽然要求平台间的完全兼容可能会降低平台间的创新动力,但是数据可携权要求的兼容性并非是平台间的完全兼容,只是数据存储格式的兼容。因此,可以就数据存储的互操作性做强制性要求,并建立数据存储最低的强制性标准和行业推荐性标准,以平衡各相关方的利益冲突。

在大数据垄断情境下,新企业在数据准入中面临着法律合规成本、技术开发成本高以及市场竞争力不足等挑战,数据可携性是破解数据准入锁定、降低垄断力和提高市场竞争的有效途径。欧盟率先围绕数据可携性做了相关制度设计,是对数据准入赋能和大数据垄断规制的有益探索。但由于欧盟的数据可携权制度设计存在数据种类模糊、权利主体有限以及互操作性弱等问题,导致在现实中可操作性不强,对数据准入促进和大数据垄断的规制有限。数据种类复杂

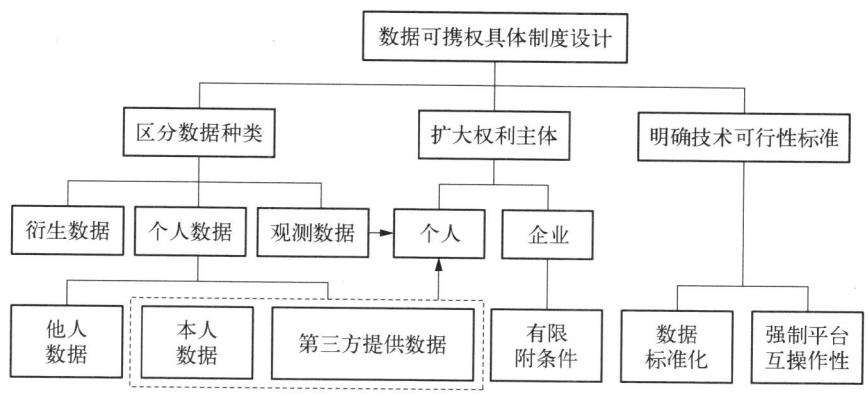

图 5.1 我国数据可携权具体制度设计方案

性给我国实务界和执法人员具体工作也带来较大不确定性,且我国的个人信息保护法对信息可携权的规定比欧盟数据可携权更宽泛、操作性更低。为进一步促进我国数据流动,我国应对数据进行类别化处理,将个人数据作扩大解释,可采取概括和列举相结合的方式尽量囊括相关数据。同时在竞争法或其他法规中对信息可携权作补充规定,赋予企业对衍生数据享有附条件的有限可携权。为解决数据可携权的核心问题,我国还应尽快将数据标准化,并对平台间就数据存储互操作性进行强制性要求,以降低对数据准入的锁定效应。

5.3 必要设施原则的适用

5.3.1 必要设施原则的传统理论及争议

学理上认为,必要设施原则(Essential Facility Doctrine)[①]的适

---

① Essential Facility 因翻译不同,分别有必需设施、核心设施、关键设施、必要设施等不同表述。本书采用"必要设施"的表述。

用最早要追溯到 1912 年 United States/Terminal Railroad Association of St. Louis 案。Terminal Railroad 控制了圣路易斯密西西比河的铁路桥及其他相关设施,并拒绝向竞争对手开放设施。铁路桥是本地区其他铁路公司运营所必要的设施,而在当地所有交通工具中,铁路是关键的交通工具,如果没有铁路运输,当地交通运输会受到严重的影响。法院审理后认为,由于 Terminal Railroad 拒绝开放的设施是竞争所必要的,为了促进当地交通运输市场的有效竞争,Terminal Railroad 应该向竞争者开放该设施[151],从而形成了必要设施原则的理论轮廓。

虽然必要设施原则理论源远流长,但真正使用"必要设施"概念的是在半个多世纪之后。Neale A D 将其称为"瓶颈垄断",认为当设施不能被潜在的竞争对手所复制,那么设施占有者必须允许竞争对手在合理的条件下分享设施,限制交易稀缺设施是违法的[152]。在之后的 MCI Commc'ns Corp. /AT&T. Co 案中,美国第七巡回法院使用了"必要设施"的概念。AT&T 是美国长途电话和本地电话市场的垄断者,MCI 是长途电话市场的一个新企业。MCI 要求将其长途电话线与 AT&T 控制的本地电话线相连接,认为如果不能接入 AT&T 控制的本地电话线,则无法在长途电话市场与 AT&T 开展有效竞争。经过审理后,法院认为 AT&T 的行为违反了反垄断法,可以认定为滥用市场支配地位[153]。

但美国联邦最高法院在 Verizon/Trinko 案中拒绝认可必要设施原则。Verizon 是纽约州的现有本地交换运营商(Local Exchange Carrier, LEC)。在 1996 年美国《电信法》(*Telecommunication Act*)颁布之前,和其他 LEC 一样,Verizon 享有排他性经销权。Trinko①

---

① Trinko 为纽约的一家律所,是 AT&T 电信公司本地电话服务的用户,AT&T 和 Verizon 在本地交换运营商(LEC)市场是竞争对手。

在 Verizon 和美国联邦通信委员会(FCC)签订协议①之日,向纽约南部地区法院提起诉讼,称根据美国 1996 年颁布的《电信法》,Verizon 应该向其提供网络连接,而 Verizon 拒绝提供该设施既违反了美国《电信法》也违反了美国《反垄断法》。法院在案件审理之后,一致认为 Verizon 没有共享设施并未违反反垄断法,并拒绝认可地方法院之前所适用的必要设施原则。法院认为强制要求企业,尤其是垄断者,与潜在竞争对手交易会导致垄断者和竞争对手都降低投资开发设施的动力,另外强制设施共享还可能为企业共谋行为创造机会,这正是反垄断法最需要规制的[154]。

必要设施原则的适用是以市场竞争秩序维护为价值导向,而竞争秩序的维护是反垄断法最直接和最重要的价值目标。因此,笔者认为,是否实现市场竞争秩序维护的价值目标,是考察适用必要设施原则规制大数据垄断合理性的主要因素;和传统设施相比,大数据的固有属性是否是排除必要设施原则适用的限制因素,也是合理性分析的另一关键要素。在数字经济时代,只要分析出大数据与新产品的相关性,就可以创建新的需求市场。在新的相关市场中,大数据是新产品或新服务生产经营的瓶颈资源,大数据垄断者只要通过拒绝大数据交易,就可以将竞争对手排除在市场之外。由于大数据使用的非竞争性,大数据垄断者可以将大数据重复使用在其他细分市场,而不用担心影响现有市场业务的正常开展。

因此,垄断者利用大数据将现有市场支配力跨界传递到其他相关市场更为容易,这将破坏市场的竞争秩序。在此情况下,是否可以像传统设施一样,适用必要设施原则来规制大数据垄断者的拒绝交

---

① 美国 1996 年颁布的《电信法》规定,现有本地交换运营商有义务和竞争对手共享电话服务。Verizon 和竞争对手包括 AT&T 签订了互连的协议。Verizon 的互连协议获得了纽约公共服务委员会(PSC)的批准,并获得了联邦通信委员会(FCC)的授权,提供长途电话服务。

易行为？必要设施原则是指当垄断者对竞争所必要的原料或者资源享有瓶颈式的控制,尤其是对下游市场竞争所必要的设施享有控制时,且设施不能被复制,垄断者必须与下游市场的竞争者共享设施[155]。必要设施原则实际上是法律强加给市场支配企业额外的交易义务。

国外学界对大数据是否适用必要设施原则存在两种代表性的观点。第一种认为,当大数据垄断者对下游市场前景缺乏认知时,会先通过交易大数据找出潜在的竞争对手。待市场前景明晰之后,便通过拒绝大数据交易将竞争对手挤出市场。对此,如果不适用必要设施原则强制开放数据,那么会严重抑制下游市场的竞争和创新[53]。第二种观点认为,大数据是市场进入的关键要素并不能就此被视为必要设施,给企业带来真正价值的是大数据分析技术和设备,而非大数据本身。如果将大数据作为必要设施,在具体适用上会存在实质性的操作困难,如在强制要求垄断者许可大数据时,具体许可哪些数据和是否要实时更新数据都是难以解决的问题[54]。我国学者认为数据构成必要设施必须遵循严格限定的总体思路[55]。

在必要设施原则适用上,美国和欧盟司法部门也持不同态度。美国反垄断执法部门反对将大数据视为必要设施,而是主张将大数据视为并购审查中的原料或资产并作相关规定。欧盟则公开表示将考虑把大数据纳入滥用市场支配地位的相关法律进行规制[56]。德法2016年联合发布的《大数据与竞争法》(*Competition Law and Data*)报告中,明确指出大数据可以作为必要设施,拒绝向竞争对手交易大数据可以被认定为滥用市场支配地位行为[48]。

从现有文献研究和欧美政府态度差异来看,能否将必要设施原则适用于大数据,还有赖于对大数据的资源固有属性限制以及对市场竞争不可或缺性的分析。在数字经济背景下,由于网络效应、规模经济和范围经济的作用,大数据垄断者对数据收集、分析以及控制动机会越来越强,以排除市场竞争为目的的拒绝交易行为将会更为频繁。该行为是否违反了反垄断法的价值目标以及是否要进行规制,将会成为反垄断执法部门不可忽视的问题。在我国数字经济蓬勃发展与大数据垄断现象日趋严重的现状下,将必要设施原则适用于大数据是否符合我国反垄断法维护竞争秩序的价值目标?大数据的资源固有属性是否满足必要设施原则适用的标准?若满足,应采用何种适用标准?这些问题都值得深入探讨。

5.3.2 必要设施原则的适用合理性

1. 基于竞争秩序维护的视角

(1) 大数据瓶颈现象已出现端倪

大数据的一个典型特征就是易形成高度集中、赢者通吃的局面。在数字经济时代,大数据已经成为创新引擎和市场进入的关键壁垒,无论是从行业还是国家来看,都出现了高度集中的现象。从行业来看,大数据垄断主要集中在社交网络平台、搜索引擎和电商平台的互联网产业。这三类平台产业都出现了市场垄断寡头。从国家来看,美国为大数据垄断主要国家,在全球占据市场支配地位的社交网络(Facebook)、搜索引擎(Google)以及电商购物平台(Amazon)均为美国企业。和传统商业社会每个行业都有大量企业相互竞争不同,互联网行业的每个细分市场都很集中。在网络经济环境下垄断寡头的市场结构已成为主流[156]。

在具体相关市场,大数据瓶颈现象已出现端倪。2017年,Linkedin向hiQ发函要求其立刻停止未授权的数据抓取行为;在hiQ未采取实际行动之际,Linkedin通过技术手段阻止hiQ获取数据。于是,hiQ向法院提起诉讼,称Linkedin选择在此时阻止其抓取数据是因为Linkedin将进军职业数据分析市场。在该相关市场中,Linkedin与hiQ将成为直接竞争关系,Linkedin限制数据进入的目的是排除竞争。由于 hiQ 的商业模式是完全建立在分析 Linkedin 所公开的用户数据基础之上，如果不进入 Linkedin 的数据，hiQ 将面临倒闭等无法弥补的损害。hiQ 认为 Linkedin 的行为违反了必要设施原则[59]。实际上，Linkedin 掌握了 hiQ 生产经营的瓶颈资源，而 Linkedin 要进入职业数据分析市场，只需通过拒绝交易就可以轻而易举将 hiQ 从职业数据分析市场剔除出去。可惜的是，虽然法院认为 Linkedin 行为确实会给 hiQ 造成无法弥补的损害，但对是否违反必要设施原则未进行论述。

(2) 大数据杠杆作用的出现

杠杆作用是指经营者将一个市场上的垄断力量传递到另一个市场，从而在两个市场获利。提高竞争对手成本理论(RRC)又将杠杆作用延伸到提高对手交易成本、以降低对手竞争优势的行为。杠杆作用是企业垄断力延伸的一种典型措施，可以改变第二个市场的结构，即将第二个市场从竞争市场改变为垄断市场，而改变该市场结构的原因不是企业提供的产品或服务的质量和价格，而是来自企业在另一市场的支配地位[157]。由于在杠杆作用下企业将同时控制两个市场，因此具有杠杆作用的很多行为都被认为违反了反垄断法，其中包括搭售、捆绑、排他性交易等行为[158]。

对大数据垄断者来说，实施杠杆作用的行为更为容易。由于大数据具有市场信息反馈和预测功能，大数据垄断者可以创建新的市场，并很容易将现有市场支配地位传递到新的相关市场并获得垄断利润。出于获取垄断利润的诱惑，垄断者利用大数据可以将其垄断力传递到"不相关"市场和"未来相关"市场(如 Google 进军智能汽车)，垄断地位从"点"升格到"链"，甚至到"面"，将竞争格局从个体间的竞争改变为产业链之间甚至是生态圈之间的竞争，甚至可能在未来消除传统产业的划分格局。为了巩固和加强在现有和相邻市场的支配地位，垄断者会尽力通过各种手段排除竞争对手准入数据，比如通过与用户签订排他性协议、技术手段、设置数据交易价格和条件以及拒绝数据交易等方式,阻止竞争对手准入数据。英国竞争与市场管理局发布的《消费者数据的商业使用》(Commercial Use of Consumer Data)报告称,当大数据是产品或者服务的重要原料时,通过拒绝竞争对手准入数据或设置数据准入障碍的能力和动机会增强,将现有市场垄断力跨界传递到其他独立相关市场的行为更容易发生[159]。

(3)对大数据市场竞争失序的有效干预

在自由经济市场下,出于竞争成功后的高回报预期,企业得以吸引资源并将资源进行最有效率的配置,从而发挥市场机制配置资源的作用。竞争成功后获得利润尤其是垄断利润,是驱动企业大力投资创新的内在动力。而必要设施原则却是法律强加给占据市场支配地位的企业额外的义务。从内在机理来看,似乎和自由经济的本质相冲突。垄断者在数据开发的整个价值链中都需进行大量的投资,且大数据对企业竞争力具有重要作用,要求垄断者与竞争对手共享大数据,是否会对持续创新产生严重的抑制作用?必要设施原则作为反垄断救济措施是否会给动态竞争带来风险?这些疑虑是导致对必要设施原则持审慎克制态度的一个主要因素。

大数据固有属性及价值开发特征是把双刃剑。一方面正是由于大数据带来的巨大经济价值以及高昂的固定成本,强制要求垄断者开放设施会带来抑制创新的风险;另一方面也正是因此,新企业如若进入市场就需要投入大量的资金且耗时长,因为网络效应和规模经济原因大数据垄断者对用户具有很强的吸附力。由于用户黏性和锁定效应,新企业即便投入了大量的资金创新开发产品,也难以获取数据。因此,新企业难以在市场立足的主要原因不是服务质量或价格问题,而是因为垄断者对市场的锁定。在此情境下,垄断者只需拒绝交易其所控制的大数据就可以实现在另一相关市场的垄断地位。

在竞争严重缺乏的市场下,原先属于不同产业的垄断者为了扩大自身的大数据规模,会进行寡头间的大数据共享①,从而丰富其掌握的大数据范围,为价格歧视、价格共谋等寡头垄断行为增加了风险。和传统市场相比,数字经济时代的价格歧视问题更为凸显[28]。这与 Trinko 案中法院所担心的正好背道而驰。较传统设施,实施拒绝大数据交易的形式更为多样化,如垄断者可以向潜在竞争对手实施钓鱼策略,一开始通过数据交易来试验市场的可行性,然后通过控制大数据准入权来掌控竞争对手的业务开展,对整个相关市场实施控制。

虽然合同缔结自由的原则允许企业有选择交易对象和协商约定交易条件,拒绝数据交易并不必然违法。但契约和交易自由是以市场自我调节功能为前提的,如果市场自我调节失灵,继续强调契约自由会强化市场的封闭性。此时,干预市场就成为必要而且合理的选择[160]。鉴于大数据垄断对竞争秩序及消费者福利的破坏,在自由市场自我调节失灵的情况下,引入必要设施原则规制大数据垄断,是符合反垄断法维护竞争秩序这一价值目标的。

2. 基于大数据的资源固有属性

(1) 大数据具有不可或缺性

从美国司法实践来看,必要设施原则适用必须满足一个标准,就是垄断者所占有的设施本身对市场竞争是否具有不可或缺性。该不可或缺性包含两个层次:第一,如果没有该设施,要求企业(Facility Seeker)产品或服务的生产经营是否可以正常进行;第二,没有该终端产品或者服务的生产经营,要求企业是否可以进行市场活动所必要的行为[152]。基于此标准,再回到 Linkedin/hiQ 案中,如果 hiQ 主

---

① 2018 年,Facebook 承认与包括 Apple、Amazon、阿里巴巴、华为在内的数十家企业存有数据共享的合作。

张 Linkedin 违反了必要设施原则,那么至少需要证明两点:第一,如果没有 Linkedin 的公开用户数据,hiQ 的职业数据分析服务将无法正常进行;第二,如果没有职业数据分析这个终端服务的生产经营,hiQ 将无法参与市场活动所必要的行为,也就是 hiQ 可能面临倒闭等无法弥补的损失。

鉴于对大数据的非竞争性、价值寿命维系和收集渠道的不同认知,有学者认为虽然通过深度学习等技术提炼出来的大数据具有重要竞争优势,但大数据不是企业成功的关键原料,具有创新力的新企业没有数据也可以取得市场成功,因为数据价值寿命是短暂的,任何具有竞争优势的数据价值很快就会流失,大数据垄断者难以通过大数据占有竞争优势[18]①,而必要设施原则的适用要求企业排除市场竞争的能力是相对持久的[161]。因此,从不可或缺性来看,不能将必要设施原则适用于大数据。笔者认为,该观点是从静态的视角来分析大数据特征,忽视了大数据垄断者的商业模式及其与大数据固有属性之间的能动性和交互性。

从商业模式来看,大数据垄断者大多是具有双边平台的互联网企业。这类商业模式的主要特点是以用户提供个人数据为支付对价来换取免费服务。在双边平台中,企业通过大数据不断提升服务质量和获取广告客户,为其提供了大量的资金来源以及数据资源,可以用于大数据技术的开发和提升。反过来,大数据的技术开发和提升又能促进数据收集和分析以及吸引广告客户。因此,对于企业来说,服务提供、数据收集和广告市场三者之间的网络交互性是其商业模式成功的主要原因。其中,大数据分别是服务提供和广告来源的直接动能。竞争对手在大数据质量、资金以及算法技术等方面都无法与垄断者抗衡。

---

① Lyon L,Terdoslavich W,Chiou L,Tucker C 等学者持相同观点。

另外，并非所有大数据的价值寿命都是短暂的，历史数据和实时数据的聚合，更能反映用户的偏好变化并预测出新的发展趋势。大数据垄断者由于已经拥有强大的用户群，对实时数据的更新和分析都更具有竞争优势。和传统设施占有者相比，大数据垄断者对必要设施和市场支配地位的控制不仅长久，而且更具广度和深度。再以Linkedin/hiQ案为例，虽然Linkedin称市场上其他数据分析公司没有使用Linkedin的数据，但hiQ指出，这些公司的商业模式完全不同。比如Glint分析的数据是根据自身客户的员工数据进行分析的。要求hiQ重新建立一个完全不同的商业模式会给hiQ造成无法弥补的伤害，会导致hiQ直接倒闭。hiQ重建该设施在合理期限内不具有经济可行性，尚且不说Linkedin在职业社交网络服务市场还具有绝对的垄断地位。因此，结合hiQ的商业模式，Linkedin的数据对具体职业数据分析市场具有不可或缺性。

（2）在特定的相关市场，可替代性大数据难以获取

在反垄断实践中，确定相关市场是限制竞争行为分析的基础，而相关市场所主要关注的是产品的可替代性问题。如果设施在合理期限内在经济、法律上无法被复制，而拥有这一设施的企业，可以被认定为市场的垄断者。如果要适用必要设施原则强制要求垄断者开放大数据，那么至少要证明在相关市场内，要求企业在合理期限内在经济、法律上找不到合适的大数据替代品。而对大数据的资源固有属性的认知不同，导致学界在该问题判断上存在很大的分歧。有学者认为大数据廉价且易获取，大数据的收集、存储和分析成本低且不断下降，生产和经销的边际成本几乎为零，用户的多栖性提供了大量的数据源，大数据获取的工具和路径很多[44]。

虽然理论上大数据具有非竞争性，垄断者对数据的获取并不排斥其他企业收集和使用数据。但现实是，在很多特定的相关市场，需求市场和供应市场的创建得益于大数据分析。如果没有大数据，那

么供应市场和需求市场可能都不存在。对于该特定相关市场,需要的是某特定类型的大数据。在初期,大数据是由企业提供服务时所产生的"副产品",虽然所获取的原始数据具有多样性,不同企业所获取的原始数据还可能存在重叠,比如快递服务企业和美团外卖所获取的原始数据中可能都包含用户地理位置的信息,但因其主营业务不同,所获取的核心数据具有功能性差异。还以 Linkedin/hiQ 案为例,虽然 Facebook、Google、Amazon 等都是大数据寡头,但是 hiQ 需要的是职业数据,该特定类型的大数据难以从 Facebook 等其他大数据寡头处获取。

由于 Amazon、Facebook 和 Linkedin 三个企业所提供的服务不同,所收集到的大数据可能存在部分相同,但 Linkedin 由于在职业社交网络的垄断地位,对职业社交大数据享有排他性控制力,其他企业无论是在职业大数据的量和质上都难以与 Linkedin 抗衡。hiQ 试图从第三方购买到特定类型的数据存在难以实现的困难。另外,如果 hiQ 试图通过纵向合并进入上游市场(职业社交网络服务市场)获取相关数据则更无现实性,因为 Linkedin 是上游市场的垄断者。可见,竞争对手难以在合理的期限内寻找到经济上可行的替代品。

(3)大数据具有可共享性

垄断者拒绝交易的行为是否适用必要设施原则还有赖于资源固有特征的限制[162]。设施可共享性是必要设施原则适用的另一重要考察因素。虽然必要设施原则的适用是以牺牲产权权利人的部分权利来促进竞争,但是强制要求共享设施不应影响垄断者正常业务的开展。如果共享设施不可实现或会阻碍设施占有者向消费者有效地提供服务,那么反垄断法不能强制要求共享设施[163]。反过来,如果设施固有属性是强制许可的重要限制因素,那么垄断者本身也更有理由拒绝强制许可[162]。和传统设施相比,大数据复制和使用没有排他性,大数据的共享不会对垄断者开展业务带来使用拥挤或设施损耗等问题[52]。大数据的资源固有属性对共享的限制性较低。

因此,从大数据的功能性差异、特定类别的大数据具有不可替代性以及大数据的可共享性等资源固有属性来看,将必要设施原则适用于大数据具有一定的合理性。

5.3.3 必要设施原则的适用条件

无论从反垄断法的价值目标实现,还是从大数据的资源固有属性来看,将必要设施原则适用于大数据都具有一定的合理性。但鉴于大数据的非竞争性以及易于形成高度集中等特征,将必要设施原则适用于大数据是否应满足特殊的构成要件?

1. 必要设施原则适用的一般标准

在 MCI 案中,美国第七巡回法院提出了必要设施原则适用的条件,认为适用必要设施原则必须满足四个基本要件:① 垄断者控制了必要设施。② 竞争者没有能力获取该必要设施。③ 垄断者拒绝向竞争者开放该必要设施。④ 开放必要设施具有可行性[153]。之后,欧洲在 Oscar Bronner 案中确定了适用的四个条件:① 拒绝交易可能排除下游市场的竞争。② 该拒绝交易行为缺乏合理根据。③ 准入竞争者的设施是不可或缺的。④ 市场上没有实际或潜在的替代品[164]。在此基础上,TROY 提出了竞争者标准。依照其提出的架构,必要设施的成立只需要满足三个要件:① 进入该市场必须使用该设施。② 重建该设施的成本超过进入设施的标准成本。③ 竞争对手持续地被拒绝交易将被迫退出市场[152]。

我国在 2023 年施行的《禁止滥用市场支配地位行为规定》中对必要设施适用提出了几个考量因素:"应当综合考虑以合理的投入另行投资建设或者另行开发建造该设施的可行性、交易相对人有效开展经营活动对该设施的依赖程度、该经营者提供该设施的可能性以及对自身生产经营活动造成的影响等因素。"之后在《禁止滥用知识产权排除、限制竞争行为规定》中直接提出了三个适用条件："(一)该项知识产权在相关市场上不能被合理替代,为其他经营者参与相关市场的竞争所必需;(二)拒绝许可该知识产权将会导致相关市场的竞争或者创新受到不利影响,损害消费者利益或者公共利益;(三)许可该知识产权对该经营者不会造成不合理的损害。"

2. 必要设施原则在大数据中的适用标准

从国内外理论与实践来看,虽然对必要设施在适用标准、适用范围以及表述上存在差异,但设施的不可替代性、拒绝交易动机以及设施共享的可行性是必要设施原则适用的主要构成要件。和传统知识产权不同,大数据的非竞争性、实时性以及确权难等特征对必要设施原则的适用造成了实施障碍。基于此限制,笔者认为,将必要设施原则适用于大数据应至少满足四个条件:第一,垄断者对相关市场竞争所必要的大数据享有排他性控制权,且拒绝交易是以排除竞争为目的。第二,大数据垄断者与要求企业在下游市场构成直接竞争关系。第三,必要大数据在特定相关市场上没有合适的替代品。第四,必要大数据的共享具有可行性。

(1) 垄断者对相关市场竞争所必要的大数据享有排他性控制权

和其他有形资源以及传统知识产权不同,大数据的所有权确定存在很大的争议。无论是个人数据、观测数据还是衍生数据,垄断者是否享有所有权、享有何种所有权都无定论。甚至有学者认为,赋予大数据控制者所有权会导致大数据的自由流动停滞,从而阻碍竞争和创新[38]。与识别大数据所有权相比,确定大数据准入和再使用的权利更为重要[165]。事实上,目前垄断者对大数据的排他性控制已导致数据瓶颈现象的出现。基于大数据的固有特征和当下相关法律制度的缺失,如果对必要设施原则的适用只限定于大数据的所有权人既不符合现实情况,也不符合大数据的特有属性。因此,大数据所有权不应是必要设施原则适用的必需要件,应将必要设施原则适用于对大数据享有控制权的企业。

另外,在大数据的整个价值链中,必要设施原则适用客体的边界亦是模糊的。有学者认为个人数据不能作为必要设施原则适用的对象,衍生数据才是讨论的焦点,因为个人数据在强制许可中会存在很多操作问题,而且衍生数据的获取能力越强,个人数据的重要性就越小[54]。该观点主要是基于大数据价值来自算法技术而非大数据本身的认知。实际上,个人数据无论是对算法技术,还是衍生数据的获取都具有非常重要的价值,因为算法技术可以通过个人数据的输入不断精进,个人数据获取能力越强,其数据分析能力和衍生数据获取能力就越强。而且在三类数据中,企业对个人数据的投入和所有权主张都更弱。和衍生数据相比,个人数据更应成为必要设施原则适用的对象。因此,无论个人数据、观测数据还是衍生数据,只要垄断者对其享有排他性控制权,就可以适用必要设施原则。

(2) 大数据垄断者与要求企业在下游市场构成直接竞争关系

在 Commercial Solvents/Commission 案中,欧洲法院称垄断者拒绝向既是自己客户又是自己下游市场的竞争对手交易竞争所必要的设施,构成滥用市场支配地位[166]。从该标准可以看出,要求企业既是垄断者现有相关市场的客户,也是下游市场的竞争对手。

尽管在适用必要设施原则时应扩展适用主体和客体,但就大数据要求企业和垄断者之间的商业关系应严格限定。从竞争的视角来看,大数据垄断者与要求企业在上游和下游市场存在四种关系(表5.2):① 在上游市场是竞争对手,但下游市场不是竞争对手;② 在上游市场不是竞争对手,下游市场是竞争对手;③ 在上游和下游市场都是竞争对手;④ 在上游和下游市场都不是竞争对手。

表 5.2　大数据要求企业与垄断者的竞争关系类型

大数据垄断者　　大数据要求企业	上游市场	下游市场
Ⅰ	√	×
Ⅱ	×	√
Ⅲ	√	√
Ⅳ	×	×

在这四种情况下，只有第 2 种情况才能适用必要设施原则，这是基于必要设施原则是为了促进市场的竞争，而不是保障竞争者的利益。倘若大数据要求企业和垄断者在上游市场已经是竞争关系（如第 1 和 3 种情况），那么在下游市场的角逐应是两家企业实力较量的延伸，而不应牺牲垄断者的利益来满足要求企业开展市场竞争需要。且在这种情境下，大数据要求企业完全可以通过进入上游市场，改善上游市场服务来获取相关大数据。开放垄断者的大数据不是要求企业获取必要大数据的唯一路径。

如果大数据要求企业和垄断者在上游和下游市场都不是竞争对手（第 4 种情况），垄断者拒绝交易的动机则难以确定，而垄断者拒绝交易理由是必要设施原则适用的一个主要标准。既然不是竞争关系，垄断者拒绝交易大数据就很有可能不是为了排除限制竞争。在自由经济下，法律赋予垄断者选择交易对象和设定交易条件的权利，垄断者拒绝交易大数据不应受到法律的规制。因此，只有当大数据垄断者与要求企业在下游市场存在直接竞争关系时，且垄断者拒绝大数据交易是为了牺牲短期利益以获取下游市场的垄断利润时，才能适用必要设施原则。

（3）必要大数据在特定相关市场上没有合适的替代品

在几乎所有的必要设施认定标准中，设施的"不可替代性"是必要因素。特定市场上不存在可替代性产品是必要设施原则适用的先决条件。"不可替代性"意味着设施的唯一性。在分析是否存在可替代性产品时，往往会出现将大数据的非竞争性视为可替代性的误区。这其实是将所有大数据视为可替代性产品，忽视了大数据的功能性差异，但不同的相关市场需要不同类型的大数据。以 Linkedin 案为例，hiQ 需要的是职业大数据。可见，在分析是否存在合适的替代品时应先界定相关市场。如果该特定类型的大数据不能识别相关市场，或存在其他替代品以实现相同目标的话，那么即便垄断者对该大数据享有排他性控制权，也不能认为在该相关市场享有瓶颈式垄断[54]。

同时，也不能忽视合理期限和经济上的可行性。如果要求企业重新开发大数据的成本极大地超过了准入垄断者大数据的成本，那么不应将重新开发大数据视为可替代品。因为从整个社会资源配置效率来看，投入大量的资本和人力资源重复开发相同的设施，尤其是个人数据和观测数据，是对有限社会资源的一种严重浪费，该重复投入的资源完全可以用于其他创新。因此，只有在合理期限内经济上可行的所有路径都穷尽了，还没有合适的替代品，才能适用必要设施原则。

（4）必要大数据的共享具有可行性

设施占有者开发设施的首要目的是满足自身业务的开展，并为此承担相应的市场风险。如果设施共享会影响其业务正常开展，那么会抑制其对设施建设的投资动力。由此可见，设施共享的可行性也是适用必要设施原则必备的要件。大数据的资源固有属性是否满足共享可行性在前文已有论述，这里不再赘述。除此之外，在法律上和技术上的可行性也应进行考察。首先，由于大数据承载着个人、组织或国家的相关信息，大数据的共享可能会披露个人隐私、商业秘密或国家秘密，给个人、组织、国家带来安全隐患。因此，和传统设施相比，大数据共享存在更多的法律风险。目前，我国在大数据相关领域的法规还不健全。在此背景下，强制要求开放设施还应具体情况具体分析。如果是国家政府部门基于业务开展所获取的大数据，大数据共享可能涉及国家秘密等国家利益，抑或企业基于自然垄断获取的特定种类的大数据，大数据共享可能违反国家设施管制的相关法律，那么即便满足其他要件，也不应适用必要设施原则。

其次，强制要求共享大数据还应考量技术的可行性。目前，大数据几乎都是各企业根据自己的序列进行存储，其传输可能存在不兼容性，而不兼容会直接影响大数据共享的可实现性。如果大数据存储不兼容是基于垄断者业务正常开展所致，那么大数据要求企业受制于自身技术不足，不应要求垄断者降低大数据存储标准或更换设施以配合大数据的复制，也就是设施共享不应增加垄断者额外的经济成本，因为设施共享的可行性分析应该在设施占有者业务正常开展的范围内进行，不能要求设施占有者穷尽所有可能[167]。

5.4 大数据强制许可制度构建

培育数据要素市场已成为我国的重要国策，其中营造良好的竞争生态、打破封闭的大数据准入通道是关键。欧盟委员会明确指出，能够准入到私有企业控制的大数据是数据经济发展的关键，因为只有准入大数据之后，才能实现大数据再使用。如果大数据准入被封闭，那么强制许可制度的构建就应该被提上讨论的议程[168]。事实上，欧盟在一些具体政策中已经开始对大数据强制许可制度展开了讨论。在 2020 年发布的《欧盟数据战略》(*A European Strategy for Data*)中，欧盟提出要以促进数据准入和使用的视角重新审视知识产权保护框架，加强企业间的数据共享，首先应该鼓励企业自愿共享数据,但如果存在特殊情况,应该强制性要求企业开放数据准入[57]。

学术界就是否要对大数据垄断者附加强制许可义务也展开了一定的研究。有学者提出倘若垄断者拒绝交易的大数据是其他企业开发新产品或者进入市场的必要设施,那么拒绝交易会严重破坏市场有效竞争,应适用必要设施原则进行干预[169]。尤其是当数据垄断者对下游市场前景缺乏认知时,还可能利用数据竞争优势,将潜在的竞争对手作为市场试验石,待市场前景明晰之后,便通过拒绝数据交易将竞争对手挤出市场。对此,如果不强制开放数据,会严重抑制下游市场的竞争和创新[53]。而在特定情况下,构建数据强制许可制度可以促进数据共享和数据可获得性[168]。国外学者还对大数据界面和格式是否要实施强制许可展开了初步讨论,认为应积极推动数据界面和格式标准化建设,同时应就与数据界面和格式标准相关的信息准入制定相应的强制许可政策[170]。但也有学者认为,数据具有非竞争性,还不足以构成必要设施,而且强制要求许可数据是不现实的,因为与包括知识产权在内的传统设施相比,强制许可数据存在实质性的困难。这些困难无法解决的话,强制许可数据就是一纸空文[54]。也有学者担心强制要求在位企业和竞争者共享数据反而会损害竞争以及带来隐私问题[44]。另外,在企业与政府间开展大数据共享时,什么时候或者在多大程度上有必要实施强制许可,也还值得探讨[171]。

可见,学界关于构建大数据强制许可制度的合理性还存在较大的争议,且对大数据强制许可制度的具体内容还未深入展开研究。例如,构建大数据强制许可应遵循什么原则,以及如何通过监管制度来保障大数据强制许可的实施等都未展开相关研究。鉴于大数据的非竞争性特征,以及大数据共享的主体多样性①和共享模式的复杂

---

① 大数据共享的主体以及流向可以多样化,例如大数据共享可以发生在企业间(B2B),也可以是公共部门共享大数据给企业(G2B),或是企业共享大数据给公共部门(B2G)。

性，构建大数据强制许可制度，相较于知识产权强制许可制度，确实存在其特有的模式和复杂性。但在目前大数据驱动型市场呈高度垄断形态而大数据权属又未定的情境下，大数据垄断者作为既得利益者不愿意共享大数据，严重影响了大数据资源价值的提升和数据经济的建设。

5.4.1 构建大数据强制许可制度的合理性分析

数字经济的建设有赖于大数据的商业化，而促进大数据准入是核心问题。但企业为了巩固和提升自己的垄断力，试图加强对大数据的控制，限制竞争者准入大数据，其中最简便的做法就是拒绝交易。且较传统设施，企业拒绝交易大数据的动机更强。为此，OECD在制定数据经济相关规则时，首要关注的问题是制定和完善数据治理体系以解决数据准入障碍、可操作性和数据共享，而不是构建数据所有权制度[172]。理由是创设数据所有权会提高数据控制者的市场力，阻碍对重要数据的准入，并最终遏制数据经济的发展[172]。相反，强制许可制度则是更为合适的监管制度，因为通过强制许可制度，可以打通数据准入通道，促进数据共享和数据迁移[168]。但有意思的是，绝大多数的企业认为数据准入问题大多是由新兴市场的正常活力而非市场失灵所致，因此反对任何形式的政策干预[171]。

一般而言，基于双方自愿的数据流通才是常规路径。但如果建立在平等基础上的市场自由交易机制出现了失灵，就有必要进行适当的政策干预。无论是为了公共利益还是促进市场竞争，促进数据共享和交换的政策目标应该建立在监管制度基础之上。基于该监管制度，在特定情况下，可以强制要求准入数据[173]。欧盟对数字市场展开了实证研究，发现目前只有极少量的大数据共享和再使用，从而导致大数据市场发展缓慢。如果能够进一步推动大数据准入，包括将大数据再使用到其他经济领域，可以带来更多的福利和创新。因此,欧盟目前最主要的目标就是提高大数据准入和共享[174]。基于此,本书认为大数据强制许可制度构建的合理性可以从垄断者拒绝交易大数据的动机、强制许可大数据的竞争和消费者福利促进功能以及合同自由精神的体现三方面证成。关于大数据垄断者拒绝交易动机在前文已有详细论述,这里不再赘述。

1. 大数据强制许可有利于促进市场竞争和消费者福利

对于如平台企业和人工智能发展来说,大数据是必要生产要素,甚至可以说没有大数据,就没有人工智能。但是,投资足够多的必要大数据需要较大的成本,不是所有参与或想进入该市场的企业所能承担的[171]。倘若企业无法准入这些必要大数据,就面临实质性困难。长期如此,可能会容易产生数字鸿沟,不但影响被许可人的福利,还会影响包括许可人在内的整个社会的福利。大数据强制许可实际上是对垄断者独占权或事实控制权的限制,这种权利限制还将影响被许可产品的市场价格,从而在一定程度上消除或缓解大数据垄断带来的消极效应,主要表现为降低大数据市场准入障碍,促进创新和提高消费者福利。

(1) 大数据强制许可能降低市场准入门槛

虽然大数据具有非竞争性,但企业仍然可以事实上控制大数据。欧盟发现很多制造商对客户在使用设备过程中所产生的大数据也有控制力,而且可以阻止客户授权第三方使用大数据[174]。大数据垄断者之所以不愿意共享大数据,甚至封锁大数据准入,是希望通过对要素的垄断来实现在不同产品市场的垄断地位。如垄断者试图通过滥用上游市场的支配地位来改善下游市场的地位,就可以要求强制许可;甚至如果试图通过拒绝交易来保护上游市场的支配地位,也可以实施强制许可[175]。

如果强制要求拒绝交易的垄断者许可大数据,可以降低大数据交易请求者准入大数据的门槛。因为大数据开发的固定成本很高,如果重复开发相同的大数据,对整个社会有限资源来说,也是一种浪费。通过强制要求企业开放大数据,对交易相对人按照合理条件许可大数据,可以促进大数据的再使用,提高整个社会的大数据资源供给。新企业可以将资金和投入用于开发其他资源。

(2) 大数据强制许可可以促进创新

在自由竞争的市场,企业会不断创新以提高市场竞争优势,进而推动社会总体创新和进步。如果市场高度集中,占据垄断地位的企业无需担心同行带来的竞争压力,必然会实施反竞争行为,损害企业创新,阻碍社会总体创新。因此,建立健康的竞争秩序,可以实现效率,进而带来促进创新的效果。强制许可作为竞争法的一种救济措施,可以保护竞争,减少创新阻力。

对大数据垄断者施加强制许可的义务,是在保障大数据垄断者获得报酬权的基础上,保证大数据请求者对数据利用的合理需求,既保障了大数据垄断者的收益,为大数据垄断者投入数据生产提供了动力,又保证了新进入市场的企业能够准入大数据,并利用大数据开发新产品和服务的可能。随着更多的企业进入市场,市场竞争活力被激发之后,风投公司投资数字市场的意愿会增强。垄断者面对竞争者的压力,会加快自身创新的步伐,从而激发颠覆性创新的活力。

(3) 大数据强制许可可以提高公共福利

很多国家都将强制许可用于促进国内经济发展目标。例如,美国《能源存储竞争力法案》(*Energy Storage Competitiveness Act*)就允许政府颁发强制许可以促进美国成功地参与全球能源储备市场竞争[176]。如果欧盟在全球人工智能竞争中落后是因市场失灵所致,那么对此进行政策干预就是合理的[171]。这就意味着如果对大数据的公共需求比保护大数据垄断者权益更为重要时,颁发强制许可具有合理性,而该公共需求不仅包括促进国内经济发展,还包括对全球市场地位的争夺。

另外，由于大数据强制许可制度的实施，更多的企业，尤其是中小企业和初创企业能够准入大数据，从而降低市场进入的成本，尤其是固定成本。利用大数据要素开发的新产品或新服务的成本也会随之降低，而且市场中相应的新服务或新产品会不断增加，这样既可以促进市场的有效竞争，也能降低产品或服务的价格，不但惠及被许可方，也能惠及终端消费者。同时，大数据垄断者在强制许可制度的实施下，扩大了大数据许可的数量，虽然单价可能有所下降，但随着许可数量的增多，大数据垄断者因前期投入所获得合理回报不会降低。

2. 大数据强制许可也是合同自由精神的体现

对构建强制许可制度持谨慎态度的另一原因是担忧强制许可会破坏合同自由。在现代民事法律制度中，合同自由是合同法的基本原则，也是市场资源配置的基本手段。市场交易主体有权选择是否缔结合同以及选择缔结合同相对人和条件的自由，而强制缔约制度①的出现，是对合同自由的一种冲击，因为它对私人自治产生了限缩作用[121]。但每个社会秩序在分配权利的同时，也面临着限制权利范围和使一些权利与其他权利相协调的任务。在分配和行使个人权利时，共同福利或共同利益是绝不可以超越的外部界限。在个人权利和社会福利之间创设一种适当的平衡，也是有关正义的主要考虑之一[124]。换句话说，一个公平的许可才可以体现合同双方博弈的平等地位[176]。

但是在大数据许可合同协商中，很多中小企业或者初创企业都没有能力进行博弈。即便大数据垄断者愿意许可大数据，由于市场中缺乏足够的可替代性产品，大数据垄断者可以趁机高价。另外，大数据许可双方在很多方面存在严重的信息不对称。比如，被许可大数据的实际价值、质量高低，甚至被许可的大数据是否是合同规定的

---

① 王泽鉴指出："所谓强制缔约，是指个人或企业负有应相对人的请求，与其订立契约的义务。易言之，即对相对人的要约，非有正当理由不得拒绝承诺。"

大数据？由于大数据具有实时性的特征，大数据垄断者是否实时更新了大数据？在这些方面，大数据垄断者都具有实质性的竞争优势，由于市场上没有参照的大数据可以比对和比价，被许可方在很大程度上只能依赖大数据垄断者的诚信。可见，被许可方在整个许可过程中实际上处于一个极不平等的地位，在包括交易信息搜索、交易过程监管等整个交易过程中，被许可方所承担的成本显然比大数据许可方要高很多。因此，如何确保不同利益方在大数据共享利益分配的公平性应是各国制定大数据政策需要考虑的核心问题之一。欧盟就将解决大数据许可中企业间不平等博弈能力、促进数据共享中不同利益方利益分配的公平性作为数据经济战略的目标之一[174]。

构建大数据强制许可制度，虽然从微观交易层面来看是对合同自由的一种干预和排斥，但从宏观交易层面来看，强制许可大数据其实也是对合同自由的一种保障，是公平正义精神的一种体现。因为在高度垄断的数字市场中，请求交易大数据的企业和大数据垄断者事实上不是平等交易主体。由于市场中没有可替代性选择，请求交易大数据的企业在交易磋商中丧失了博弈空间，只能被动地接受大数据垄断者的交易条件。而垄断者为了追求利益最大化，势必会忽视整体社会利益的考量。在此情境下，交易磋商的结果实际上变为垄断者单方面决定是否订立许可合同、以何种条件订立合同以及合同内容等情境。虽然合同当事人是通过行使其私人自治权来确定他们各自应履行的义务，但如果当事人在议价能力方面存在实质性的不平等，那么法律便会要求恢复一种合理的平等。

由此，在高度垄断的数字市场中，对大数据垄断者施加强制缔约的义务是从宏观交易层面进行结构性救济，是对市场失灵的一种调节。构建大数据强制许可制度实际上是重新调整了合同自由空间，通过限制垄断者的自由维度来扩张弱者的自由空间，从而实现实质性合同自由[121]。

5.4.2 大数据强制许可的基本原则

当大数据垄断者拒绝交易必要大数据的行为破坏了市场竞争和公共福利时,应对其施加强制许可义务。但是,假如仅确定应对大数据垄断者施加强制许可的义务,而不对许可内容进行原则性的规定,那么大数据强制许可的实施效果甚微。这是因为倘若负担缔约义务者任意提出缔约条件,致相对人难以接受,强制缔约制度尽失其意义[177]。易言之,大数据垄断者在磋商许可合同时以不合理条件致大数据许可合同无法缔结,这样垄断者依然可以达到拒绝许可的目的。因此,在构建大数据强制许可制度时,应对许可合同的基本条件予以规定。

但大数据具有非竞争性和实时性等固有属性,且大数据定价标准缺乏成熟的政策指引和实践参考,在构建大数据强制许可制度时试图对许可合同具体内容予以详细规定不但不切实际,也有违合同自由的精神。因此,虽然相较于传统知识产权,大数据强制许可制度应具有自身的特征和路径,但也可以借鉴知识产权强制许可制度中,比如标准必要专利许可实施的成熟经验。结合大数据固有特征,笔者认为,大数据强制许可应遵循四个基本原则,分别是:引入FRAND许可原则、秉承目的限制性原则、不应违反大数据相关的其他法律法规、设定合理的许可期限。

1. 引入FRAND许可原则

强制开放设施并不意味着免费准入设施,因为强制性开放设施必然涉及垄断者排他性产权的妥协。即便是为了能够更好地促进竞争,也不应该要求垄断者接受一个没有赔偿的私有权侵害[178]。对大数据强制许可的具体问题,既可以通过法律上设置前置规则,也可以通过事后合同协商来确定大数据控制者的许可义务,而且这两种方式不是非此即彼的。

由于大数据产权归属、价值评估以及企业对大数据的投入都缺乏既定的核算标准,为大数据强制许可的价格谈判带来了挑战。其中,法律干预可以从 FRAND 概念和许可程序中吸取富有成果的经验,尽管和知识产权问题不太相似,但 FRAND 原则依然可以用于解决大数据许可费合理和公平标准的需求,同时可以通过 FRAND 原则将大数据许可谈判步骤固定下来[173]。欧盟就试图尝试将 FRAND 原则纳入大数据强制许可条款中,即可以通过合理、公平、非歧视条件将大数据许可给竞争对手[174]。

FRAND 原则是标准必要专利许可的一个基本原则。由于专利被纳入标准后,经营者要参与该行业的竞争就必须实施标准必要专利,这样标准必要专利容易对标准实施者产生"劫持"(hold-up)效应①。为了抵消"劫持"效应,标准组织往往要求专利持有者向标准组织作出 FRAND 承诺,给予标准实施者"公平、合理、无歧视"许可,此制度简称 FRAND 原则[179]。FRAND 原则的提出和确立是为了通过建立公平、合理、无歧视的市场许可规则来限制专利权人滥用垄断力,从而在实现技术标准广泛实施的同时,保障专利权人获得合理的经济激励[180]。

和标准必要专利一样,当大数据成为必要设施时,大数据垄断者对交易相对方具有较大的博弈优势,而且较传统标准必要专利来说,大数据垄断者在不同相关市场中的市场力更强,尤其是很容易在"相邻市场"或"不相关市场"也具有较大的市场力,对相关市场、下游市场,甚至是"不相关市场"都能产生较深远的影响。大数据垄断者对是否缔结许可合同、以何种条件缔结许可合同具有绝对的话语权。因此,制定公平、合理和无歧视的大数据许可规则,防止大数据垄断者滥用垄断力,破坏市场竞争,具有现实的必要。但是,如果对大数

---

① 所谓"劫持"效应,是指相较专利未被纳入标准的情形而言,在专利被纳入标准后,专利持有者能够攫取更高许可费(或对自己更为有利的许可条件)的能力。

据垄断者施加强制许可的义务而不给予其合理的经济激励,会抑制大数据垄断者的创新动力。

为此,在构建强制许可制度时,在促进数据广泛使用和共享、最大化提升大数据的资源价值基础上,激励大数据垄断者继续创新的动力,是需要考虑的关键问题。而 FRAND 许可原则的提出和确立宗旨就是为了促进技术的广泛使用和保障专利权人的合理经济回报。FRAND 原则和强制许可的目标都是为了保证许可的公平性和合理性,而且促使被许可的产品最终能够惠及终端消费者[176]。那么,从许可原则宗旨和实现目标来看,将 FRAND 原则引入大数据强制许可中具有合理性。但鉴于大数据自身特征,FRAND 原则在大数据许可中的释义具有其独特性。

首先,大数据强制许可费应该建立在公平的原则上。公平性不仅体现在大数据许可方和被许可方的利益分配上,许可费的确定应该可以减轻大数据垄断者对被许可方的劫持效应,也可以保证大数据垄断者的相关研发能够得到合理的经济回报。换句话说,大数据强制许可费的公平性应该最终体现在有助于大数据价值的提升和再使用上。另外,公平性还应体现在消费者对大数据价值利益分享上。由于大数据垄断者的数据源于消费者,大数据垄断者在开发和许可大数据时所获得经济回报应该让消费者也能分享,无论是衍生数据还是个人数据。如果不考虑三方的利益衡平、让消费者也能够分享大数据价值的话,是很难可持续地开发和提升大数据价值的。

其次,大数据许可费应具有合理性。在判断是否"合理"时,应将大数据垄断者对必要大数据的投入作为重要考察因素。其中,应对个人数据、观测数据和衍生数据进行区分,因为垄断者对这三类数据投入不同。其中针对个人数据,还应对"用户选择不公开""附条件公开"以及"全部公开"区别对待。这对许可费的确定具有重要的参考价值,因为许可费的设定既需要激励请求企业大数据价值挖掘的动力,又需要激励垄断者继续收集数据的动力。同时,合理性还应指许可费的上限是大数据作为产品要素本身的经济价值,而不是因大数据成为必要设施之后垄断者市场地位带来的附加价值,这点可以借鉴我国知识产权相关政策和具体司法实践。在判断许可费的合理性时,还可以参考大数据垄断者在过去许可大数据时收取的许可费,同时综合考虑许可双方间的商业关系、许可期限、被许可大数据的范围和用途的多样性等具体因素。

最后,大数据强制许可应"无歧视"地对待不同交易相对人。这样,可以避免大数据垄断者对自己潜在竞争对手收取过高许可费,以实现拒绝交易的目的。同时,可以某种程度上确保请求大数据许可的企业能够以同等的条件和成本获得大数据,不同企业能够以同等成本进入下游市场或其他相关市场,下游市场或其他相关市场的竞争就不会被扭曲。另外,"无歧视"原则还体现了不同大数据许可请求方的平等人格。

2. 秉承目的限制性原则

由于大数据的价值可能会延伸到其他使用目的,而大数据交易的义务应该限制在具体可以修补竞争问题的大数据上。因此,当对大数据垄断者实施强制许可义务时,应该实施目的性限制原则,主要体现在两个层面。

第一,对大数据强制许可实施目的进行限制。经济学观点普遍认为,政府干预只能在市场失灵时才能介入。传统上,强制许可是为了应对垄断者扭曲竞争而实施的对策,那么从竞争功能促进的角度来看,强制许可制度的实施范围就不应超过竞争促进范围。也就是说,强制许可只能赋予被许可方作为竞争者开展有效竞争所享有的权利,而不能获得其他额外的好处[168]。只有当垄断者拒绝交易的大数据构成市场竞争的必要设施,且大数据垄断者拒绝交易的行为是为了破坏市场竞争时,才能实施强制许可。因此,大数据强制许可的实施目的应该限制在促进大数据市场有效竞争，并最终造福消费者的目的，而不是保护竞争者的利益。

第二，对被许可方使用大数据目的进行限制。由于大数据强制许可实施的目的是促进竞争，那么在保障大数据被许可方促进竞争所享有的权利时，应同时保障大数据垄断者对大数据投入获得的合理回报。因此，对被许可方使用大数据的目的进行限制，主要表现为对请求企业使用大数据的种类范围和用途进行限制。首先，应对被许可方使用大数据的种类进行限制。被许可方请求许可的大数据应该仅限于相关市场展开竞争的产品或服务的生产经营，不能要求其许可其他产品生产和经营所需要的大数据，所以在对许可的大数据种类上应实施大数据最小化原则。同时出于对消费者个人数据的保护，也应秉承大数据许可的种类最小化原则。其次，应对被许可方使用大数据的用途进行限制。被许可方对必要大数据的使用还应仅限于合同所规定的用途。如果被许可方将必要大数据用于合同规定之外的其他商业目的，那么垄断者可以请求停止大数据共享并要求提供相应的损失赔偿。同时，反垄断执法部门可以建立负面清单，对负面清单的企业予以惩罚，不得再以必要设施原则请求共享大数据。

3. 不应违反大数据相关的其他法律法规

在对垄断者施加大数据强制许可义务时，垄断者往往会提出其拒绝交易大数据具有的正当理由。其中，保护数据隐私是垄断者提出的理由之一。这从目前数据竞争案的争议焦点可以得到印证。在Linkedin案中，Linkedin声称其拒绝交易数据给hiQ，是因为hiQ的数据抓取行为会损害其用户的隐私。尽管在针对数字平台的反垄断诉讼中，最终采取的行为救济措施可能是要求数字平台强制许可数据给竞争者，但这样做可能与消费者控制个人数据的目的相悖。至于大数据强制许可是否需要建立在消费者同意的基础上，各界很少讨论。

由于大数据强制许可势必会导致大数据的再使用,是否获得数据主体的同意应是构建大数据强制许可制度需要考量的因素。如果强制许可的必要大数据是用户选择不公开的,那么交易相对方对大数据的使用应获得用户的同意。由于大数据涉及的用户体量大,重新获得用户的同意在操作上可能存在困难。鉴于此,可以通过事实行为来认定"同意",从垄断者是否已经与第三方存在交易行为进行判断,如有上述行为,垄断者不能以"用户同意"作为拒绝许可必要大数据的理由。此外,可以适用《中华人民共和国个人信息保护法》中除了"同意"之外的多种个人信息处理的合法性基础。其中,基于反垄断执法规定的强制许可义务可以视作"为履行法定职责或者法定义务所必需"的大数据处理事由。

另外,即便许可的数据是非个人数据,但是由于目前技术上实现去匿名化并非没有可能,因此在构建大数据强制许可制度时,应同时考量大数据垄断者在《中华人民共和国个人信息保护法》第五章所要求的"个人信息处理者的义务",应当根据个人信息的处理目的、处理方式、个人信息的种类以及对个人权益的影响、可能存在的安全风险等,采取相关措施做好影响评估和风险防范。同时,大数据强制许可还应受民法典等其他相关法律法规约束。比如大数据垄断者是否利用其市场支配地位拟订格式条款来扩大自己权利,侵害被许可方的利益;或实施搭售、捆绑协议等来牟利,都应受相关法律约束。

4. 设定合理的许可期限

大数据强制许可的目的是促进竞争,如果要求垄断者无限期地共享大数据,要求企业很容易怠于创新。因此,为避免要求企业抱有搭便车的心理,从而降低创新的动力,应对大数据的强制许可设定合理期限。另外,设置强制许可期限还可以服务于其他三个目的:第一,继续保持许可协议的公平性;第二,促进许可方原有的创新动力;第三,推动社会可以自由准入被许可的技术[181]。尽管大数据强制许可的构建初衷是为了干预大数据垄断者的垄断行为，保障被许可方准入大数据的权利，促进大数据相关市场的有效竞争。但是，如果不限制大数据强制许可的期限，对大数据垄断者来说是不公平的。虽然大数据不因使用次数而减少其价值，但是由于大数据开发前期投资成本极高，让大数据垄断者这个私有组织来独立承担市场竞争有效开展的成本是不公平的。也就是说，在将大数据价值最大化进程中，如果只要求大数据垄断者按照某种既定原则来共享大数据，而不考虑它们在该进程中应获得的利益的话，那么该制度的实施未必能够持续得下去。因此，如何促进许可双方利益分配的公平性是大数据强制许可制度可持续发展的关键。

另外，如果不对大数据强制许可期限进行限制，大数据垄断者无法从创新投入中获得预期的经济回报，就会降低原创动力。对于大数据被许可方来说，如果可以一直以较低成本进入大数据，而无需投入原创，就会出现搭便车的心理，从而降低创新动力。长期如此，整个社会的创新动力就会降低，颠覆性创新减少，消费者获得新产品和新服务的机会也会减少。最后，设定合理的许可期限可以推动社会自由准入大数据，对大数据要素市场的培育具有积极作用。由于大数据准入是大数据共享和大数据迁移的前提条件，私有企业也不例外，尤其是大数据垄断者所控制的大数据对很多产业发展来说是至关重要的，比如人工智能产业。

5.4.3　大数据强制许可的监管机制

对大数据强制许可持谨慎态度的另一原因是鉴于大数据自身的固有属性，比如大数据的实时性以及体量大等特征。另外，鉴于大数据垄断者和被许可方之间的信息不对称，被许可方是否可以在支付了对价之后获得合同所规定的同质同量的大数据？这些问题如果不处理好，大数据强制许可制度的实施效果也将受到实质性的影响。

可见,对大数据使用合同执行的监管是数字经济面临的一个巨大问题。在许可大数据时,许可方是否能够监控被许可方有没有按照合同规定的方式准入和使用大数据,尤其是被许可方是否将大数据准入许可给其他企业?如果这些无法被监管和核查,那么大数据交易最基本的信任就缺失了[182]。因此,在构建大数据强制许可制度时,应成立监管部门对大数据强制许可实施过程进行监管,主要包括两个方面:对大数据垄断者的监管即对大数据垄断者许可的大数据质量的监管,以及对被许可方使用大数据的监管。

(1) 对被许可大数据质量的监管

传统数据的许可一般都是一对一许可方式,数据呈结构化特征,体量有限,数据准入、使用和操作都有明确限制。但是,大数据经常是无结构化的,被许可方需要通过不同方式来开发数据价值,包括使用独特的分析工具将被许可大数据与其他数据相结合进行分析[58],从而获得大数据价值。由于大数据的价值体现在相关性描述上,如果进入的大数据存在瑕疵或者质量低下,那么即便是算法正确,分析所得的结果也会出现事实性错误。因此,大数据质量的确保在整个强制许可实施过程中极为重要。如果大数据垄断者缺乏诚信,降低大数据质量,对被许可方来说将是灾难性的损失,因为被许可方前期投入大量的人力、财力和物力,最后所获得信息可能是错误或者是偏离实际的。因此,大数据强制许可一方面给执法部门带来了新的挑战,另一方面又迫切需要执法部门及时监管。

数据的质量根据不同层次依然可以界定为可获得性、使用性、可信性、相关性、陈述性五个标准。其中可获得性指数据的可准入性和时效性,可信性是指数据的准确性、一致性和完整性等[183]。但大数据还具有实时性特征,被许可方所获得被许可数据是否得到及时更新也至关重要。另外,大数据质量问题还应包括被许可的大数据里面是否包含不相关大数据或者其他捆绑大数据。如果大数据控制者通过使用捆绑或搭售大数据,并且以一种可以将竞争者排除出市场的方式实施的话,那么捆绑和搭售应成为一个垄断问题[184]。

对此,我国应尽快确定相关大数据质量标准和严格的法律法规来确保大数据质量。可以协同行业协会发布大数据质量评价指南,根据行业差异制定符合产业发展的大数据质量评估标准,包括被许可大数据的来源、种类、利用潜在安全风险以及相应的救济措施。

(2) 对被许可方使用大数据的监管

由于大数据的价值可能延伸到其他使用,被许可方在获取大数据之后是否秉承目的限制原则,是构建大数据强制许可制度所要长效监管的主要内容。如果被许可方将必要大数据用于其他商业目的而没有受到相应规制,会大大降低垄断者许可大数据的动力。因此,一旦发现被许可方违反了该原则,大数据垄断者可以请求诉前禁令,停止被许可方对必要大数据的使用,同时要求相应的惩罚性赔偿。

另外,鉴于大数据产权归属不明晰,传统许可协议可能无法解决许可方的大数据财产利益保护问题。例如,大数据在许可中可能会披露垄断者的商业秘密;被许可方在分析大数据时可能需要第三方协助,第三方也可能会披露垄断者的商业秘密。垄断者出于担心商业秘密的披露,或对自身大数据价值挖掘能力造成影响,会降低许可的动力。对此,应建立相应的保障制度,如赋予垄断者对许可的大数据所生成的成果也享有使用权或共同所有权,或在反向许可时享有优惠。另外,还可以通过双方签署合同,以类似商业秘密的形式保护许可的大数据等[58]。

第6章
结论与展望

6.1 研究结论

以大数据为驱动的市场具有双边市场、强网络效应、规模经济和范围经济等特征,这些特征的结合导致数字市场很容易形成单一垄断市场。在这样的市场结构中,虽然大数据具有非竞争性,理论上企业难以排除他者对数据的收集和使用,但大数据可以在不同相关市场催生不同的市场力,对生产效率、分配效率、市场竞争以及消费者产生损害。且由于大数据固有属性和大数据驱动型市场结构特征,大数据独占存在现实的可能,尤其是当企业通过知识产权垄断数据收集和分析技术就可能实现事实上独占大数据的目的。在这种情境下,如果基于大数据非竞争性的固有属性,将大数据垄断限定为对大数据的独占,并主张通过赋权方式对大数据占有者进行权利保护,很容易忽视大数据驱动型市场的结构特征以及与大数据固有属性之间的交互机制,不利于大数据应用;对作为消费者的数据主体来说也有失公允。因此,从大数据赋能经济发展,以及数据主体和数据控制者之间的利益平衡目标实现来看,应从市场力的视角,将大数据垄断界定为"企业基于大数据实施价格控制和限制、排除竞争的市场力",并采用行为法的制度安排对大数据垄断进行规制,更能激励数据开放和共享,符合当下的现实情况。

目前,大数据垄断的形成主要有两方面的原因:一是由数字市场结构特征以及大数据固有属性所致,比如大数据具有开发固定成本高、边际成本低、经销成本低等特点,具有一定的合法性。二是因大数据垄断者通过实施市场行为所致。无论是创新、市场结构和大数据固有属性本身导致,还是垄断者市场行为所致,大数据垄断对市场竞争和消费者均会产生一定程度的损害。和传统市场相比,大数据垄断者实施垄断行为不仅更容易,而且具有一定的隐蔽性,认定困难对相关法律法规提出了挑战。其中,价格歧视、拒绝大数据交易、大数据驱动型经营者集中尤为突出,尤其是价格歧视行为,除了能产生传统意义上的损害效应,还能同时产生数据准入封锁效应,加强大数据垄断的垄断地位,因此应该引起反垄断执法部门的高度重视。

在规制大数据垄断的制度安排上,就数字经济领域的市场行为而言,现行反垄断法中的垄断协议、滥用市场支配地位以及经营者集中三大支柱性制度体系整体上仍然具有可实用性,但是大数据垄断带来的问题,有些难以被既有的反垄断规则体系规制,尤其是由市场结构、大数据固有属性以及通过知识产权垄断大数据收集和分析技术等合法手段形成的大数据垄断,传统的反垄断法中的滥用市场支配地位相关规则等的规制缺乏一定的理论基础。另外对"先发制人式"的垄断行为也难以有效规制。因此,应该对现行的相关法律法规进行完善和制度补给。

第一,将交易额标准纳入事先申报制度,对大数据驱动型并购进行有效规制。大数据垄断者会先发制人收购实际或潜在的竞争对手,其中并购大数据密集型企业被视为巩固或加强市场竞争力的一种主要战略手段,尤其是对初创企业的并购。基于大数据驱动型并购所呈现的营业额低交易额高、具有向非横向并购发展趋势以及并购后拆分企业的救济效果差等特征，我国经营者集中事前申报制度的"营业额"标准对大数据垄断的规制效果甚微，应采用营业额和交易额相结合的标准，同时应将并购无营业额的企业也纳入经营者集中范畴进行规制。

第二，将大数据市场界定为独立的相关市场。大数据驱动型企业具有双边市场特征，在一边市场中，企业通过提供免费服务获得用户数据，在另一边市场，企业通过数据变现营利，双边市场相互影响。传统反垄断理论在界定相关市场时要求存在"经济性"和交易，否则无法进行替代性分析和损害效应分析。鉴于大数据驱动型市场中的服务市场并未向消费者收取费用，往往不界定相关市场进行损害效应分析。然而，大数据驱动型企业双边市场具有强交互性，对"免费服务"市场和大数据市场不进行相关市场界定，就无法有效评估大数据驱动型企业的反垄断行为效应，因此应将双边市场视为一个生态系统，界定独立的大数据相关市场，进行整体效率评估。

第三，创设数据可携权，促进数据准入。由于大数据垄断者在数据、资金以及算法技术等方面享有绝对竞争优势，新企业难以通过市场本身打破准入壁垒，需要相关制度的介入。其中，提高数据的可携性是破解数据准入障碍、规制大数据垄断的有效措施之一。欧盟率先创设了数据可携权制度，数据主体可以通过数据可携权要求大数据垄断者将自己的数据迁移给其他服务提供商，从而促进数据流动，打破数据孤岛现象。但是欧盟在数据可携权具体制度设计上，对数据种类和数据主体限制过严，对平台间互操作性强制规定的态度犹豫不决，导致数据可携权具体实施存在较大不确定性，制度效用无法得到充分发挥。我国在相关制度设计时，应取长补短，扩大数据种类和权利主体范围，促进数据准入。

第四，在特定情况下，适用必要设施原则规制大数据垄断。大数据垄断者为了巩固其市场支配地位，没有动力许可数据给其他服务提供商，而是选择纵向一体化进入下游市场或者其他相关市场，并利用大数据垄断地位在下游市场或者其他相关市场获得垄断地位，从而获得生态垄断地位。根据反垄断法的相关理论，对垄断者施加强制开放设施的义务，需事先论证该设施是市场竞争的必要设施。虽然大数据具有非竞争性，但同时具有功能性差异，且特定类别的大数据具有不可替代性。无论是基于大数据固有属性还是市场竞争促进目标出发，将必要设施原则适用于大数据具有一定的合理性。在具体适用必要设施原则时，需要考量一些因素，包括垄断者所控制的大数据对竞争的必需性、市场上是否存在合适的替代品、垄断者拒绝交易大数据的目的、大数据垄断者与大数据请求者的关系，以及共享大数据的可行性。

  第五，构建大数据强制许可制度。鉴于大数据垄断者拒绝交易动机较强，且大数据垄断者对交易相对方具有较大博弈优势的现实情况，如果大数据构成必要设施的话，要求垄断者强制许可大数据可以降低数据准入障碍，促进创新和市场竞争，增加消费者福利。同时，构建大数据强制许可制度是从宏观交易层面进行结构性救济，通过限制大数据垄断者的自由维度和扩张弱者的自由空间，来实现实质性合同自由。因此，构建大数据强制许可具有合理性。结合大数据的资源属性，大数据强制许可制度的构建需要遵循四个基本原则：分别是引入 FRAND 许可原则，以促进社会对大数据的准入和激励大数据垄断者继续创新的动力；秉承目的限制性原则，对大数据强制许可目的和对被许可方使用大数据目的进行限制；不应违反大数据相关的其他法律法规；设定合理的许可期限。为了更好地落实大数据强制许可的实施，还应成立监管部门对大数据许可双方进行监管。

6.2　展望

由于大数据具有无形资产的特征，又涉及消费者个人信息，对大数据垄断问题的研究涵盖了知识产权法、个人信息保护法、反垄断法等多部门法的交叉。另外，大数据对企业和国家的经济价值，又蕴含了企业的商业秘密和国家安全，大数据垄断问题的研究又涉及法学、管理学、经济学等多学科的交叉，因此对大数据垄断问题的研究极具理论和现实意义，但同时又是一个复杂的系统工程。

本书主要以数据准入促进为切入点，运用案例研究、比较研究、法经济学等研究方法对大数据垄断概念、大数据垄断行为、大数据垄断规制路径展开深入研究。在研究过程中，主要关注的是欧美国家，尤其是欧洲相关立法条文和案例判决书，进行逻辑实证和语义实证研究，对经验事实进行捕捉和分析，提炼出规范性和理论性的原则。但对于不断涌现的其他国家相关法律法规缺乏足够的分析。虽然欧盟最先制定和颁布大数据的相关法律法规，但后继国家颁布的与大数据相关的法律法规，对我国制度安排或许也有一定的参考价值。因篇幅限制，在本书中未展开深入的研究。其次，本书是以企业为垄断主体展开研究的，对政府作为大数据垄断主体的相关问题，比如大数据跨境传输过程中的数据主权和数据霸权问题未展开研究。其中由于行政垄断等问题目前还不突出，在本书中也未展开相关研究。另外，由于大数据垄断问题是个复杂的系统工程，传统市场中出现的垄断问题，比如垄断协议，在大数据垄断中也会存在，但较传统市场未呈现明显的新特征，对反垄断法未提出较大的挑战，本书也未展开深入研究。最后，受限于笔者的知识结构，在大数据竞争效应分析中，本书还缺乏足够的经济学定量分析。

不过，大数据垄断引发的诸多问题值得进一步研究，其中有些问题具有一定的急迫性。首先，创设数据可携权之后，势必要面临数据迁移问题，而数据迁移中的标准化建设就是决策者必须直面的首要问题。在我国，是建设强制性标准还是由行业推荐标准，都值得进一步研究。其次，在构建大数据强制许可制度之后，对许可的大数据如何定价？如何确保被许可大数据的质量问题，大数据质量又如何界定？在许可大数据过程中，如何保障大数据垄断者的商业秘密？这些问题都将对有效实施大数据垄断规制的相关制度产生实践影响。最后，在大数据垄断的竞争效应分析中，大数据的价值如何进行量化评估？大数据对企业垄断地位形成的贡献度如何衡量？这还需进一步展开经济学的定量分析，为决策者提供更直观的参考价值。

大数据垄断问题无论从理论研究还是实践来看，都是个崭新的问题，在将来还会衍生出更多新的问题，对个人、企业、国家产生新的影响。这些问题都值得理论界、实务界、决策者的持续关注。

参考文献

[1] HARBOUR P J. Dissenting Statement of Commissioner Pamela Jones Harbor in the matter of Google/DoubleClick. F. T. C. File No. 071-0170[Z/OL]. [2018-04-28]. https://www.ftc.gov/sites/default/files/documents/public_statements/statement-matter-Google/DoubleClick/071220harbour_0.pdf.

[2] 杨建辉. 对"数据垄断"的几点思考[J]. 中国证券期货,2017(7):62-63.

[3] 曾彩霞,尤建新. 大数据垄断对相关市场竞争的挑战与规制:基于文献的研究[J],中国价格监管与反垄断,2017(6):8-15.

[4] 邹开亮,刘佳明. 试论大数据垄断的法律规制[J]. 大庆师范学院学报,2017,37(4):82-85.

[5] LAMBRECHT A, TUCKER C E. Can Big Data Protect a Firm from Competition? [J/OL]. Social Science Electronic Publishing. (2015-12-22) [2018-08-18]. https://ssrn.com/abstract=2705530.

[6] TERDOSLAVICH W. Big Data & The Law of Diminishing Returns[EB/OL]. InformationWeek,(2015-11-27)[2019-05-09]. https://www.informationweek.com/big-data/big-data-analytics/big-data-and-the-law-of-diminishing-returns/d/d-id/1323310.

[7] TUCKER C. The Implications of Improved Attribution and Measurability for Antitrust and Privacy in Online Advertising Markets[J]. George Mason Law Review,2013,20(4):1025-1054.

[8] LYON L. The End of Big Data[EB/OL]. Database Journal,(2016-05-16) [2019-12-05]. https://www.databasejournal.com/features/db2/the-end-of-big-data.html.

[9] SCHEPP N P, WAMBACH A. On Big Data and Its Relevance for Market Power Assessment[J]. Journal of European Competition Law & Practice,2016,7(2):120-124.

[10] GRUNES A P. Another Look at Privacy[J]. George Mason Law Review,2013,20(4):1107-1128.

[11] Organization of Economic Cooperation and Development (OECD). Big Data, Bringing Competition Policy to the Digital Era[R/OL]. (2016-10-27)[2018-05-20]. https://one.oecd.org/document/DAF/COMP(2016)14/en/pdf.

[12] ROSCH J T. Concurring and Dissenting Statement of Commissioner J. Thomas Rosch Regarding Google's Search Practices — In the Matter of Google Inc.[EB/OL] (2012-01-03)[2020-02-12]. https://www.ftc.gov/sites/default/files/documents/public_statements/concurring-and-dissenting-statement-commissioner-j.thomas-rosch-regarding-googles-search-practices/130103googlesearchstmt.pdf.

[13] JULLIEN B. Two-Sided Markets and Electronic Intermediaries[J]. CESifo Economic Studies, 2005, 51(2-3): 233-260.

[14] MANYIKA J, CHUI M, BROWN B, et al. Big Data: The Next Frontier for Innovation, Competition, and Productivity Analytics[R/OL]. (2011-06)[2020-01-12]. https://www.mckinsey.com/business-functions/digital-mckinsey/our-insights/big-data-the-next-frontier-for-innovation.

[15] RUBINFELD D L, GAL M S. Access Barriers to Big Data[J]. Arizona Law Review, 2017, 59(2): 339-382.

[16] FEINSTEIN D. Big Data in a Competition Environment[J/OL]. CPI Antitrust Chronicle Competition Policy International. (2015-05-29)[2020-01-12]. https://www.competitionpolicyinternational.com/assets/Uploads/FeinsteinMay-152.pdf.

[17] BROWN B, CHUI M, MANYIKA J. Are You Ready for the Era of "Big Data"[J]. McKinsey Quarterly, 2011, 4(1): 24-35.

[18] SOKOL D D, COMERFORD R. Antitrust and Regulating Big Data[J]. George Mason Law Review, 2016, 23(5): 1129-1162.

[19] LERNER A V. The Role of "Big Data" in Online Platform Competition[J/OL]. Social Science Electronic Publishing, (2014-08-27)[2018-05-20]. https://ssrn.com/abstract=2482780.

[20] HAUCAP J, HEIMESHOFF U. Google, Facebook, Amazon, eBay: Is the Internet Driving Competition or Market Monopolization?[J]. International Economics and Economic Policy, 2014, 11(1): 49-61.

[21] EZRACHI A, STUCKE M E. The Curious Case of Competition and Quality [J]. Journal of Antitrust Enforcement, 2015, 3(2): 227-257.

[22] GRUNES A P, STUCKE M E. No Mistake About It: The Important Role of Antitrust in the Era of Big Data[J/OL]. (2015-04)[2018-08-18]. https://papers.ssrn.com/sol3/papers.cfm?abstract_id=2600051.

[23] NEWMAN N. Antitrust, and the Economics of the Control of User Data[J].

Yale Journal on Regulation, 2014, 31(2): 401-454.

[24] Stigler Center for the Study of Economy and the State. Stigler Committee on Digital Platforms Final Report[R/OL]. (2019-09)[2020-01-25]. https://www.publicknowledge.org/wp-content/uploads/2019/09/Stigler-Committee-on-Digital-Platforms-Final-Report.pdf.

[25] HARBOUR P J, Koslov T I. Section 2 in a Web 2.0 World: An Expanded Vision of Relevant Product Market[J]. Antitrust Law Journal, 2010, 76(3): 769-797.

[26] RUBINSTEIN I S. Big Data: The End of Privacy or A New Beginning?[J]. International Data Privacy Law, 2013, 3(2): 74-87.

[27] VALENTINO-DEVRIES J, SINGER-VINE J, SOLTANI A. Websites Vary Prices, Deals Based on Users' Information[EB/OL]. (2012-12-24)[2017-03-20]. https://msu.edu/~conlinmi/teaching/MBA814/WSJpricediscrimination.pdf.

[28] DANNA A, GANDY O H. All that Glitters is not Gold: Digging Beneath the Surface of Data Mining[J]. Journal of Business Ethics, 2002, 40(4): 373-386.

[29] SALINGER M A, LEVINSON R J. Economics and the FTC's Google Investigation[J]. Review of Industrial Organization, 2015, 46(1): 25-57.

[30] SIMON P. How to Get Over Your Inaction on Big Data. Harvard Business Review Digital Articles[EB/OL]. (2014-02-24)[2018-08-18]. https://hbr.org/2014/02/how-to-get-over-your-inaction-on-big-data-2.

[31] STUCKE M E, EZRACHI A. When Competition Fails to Optimize Quality: A Look at Search Engines[J]. Yale Journal of Law and Technology, 2016, (18): 70-110.

[32] 龙卫球. 数据新型财产权构建及其体系研究[J]. 政法论坛, 2017, 35(4): 63-77.

[33] MATTIOLI M. Disclosing Big Data[J]. Minnesota Law Review, 2014, 99(2): 535-584.

[34] 吴伟光. 大数据技术下个人数据信息私权保护论批判[J]. 政治与法律, 2016(7): 116-132.

[35] 张新宝. 从隐私到个人信息: 利益再衡量的理论与制度安排[J]. 中国法学, 2015(3): 38-59.

[36] 王利明. 论个人信息权的法律保护[J]. 现代法学, 2013, 35(4): 62-72. 转引自齐爱民. 拯救信息社会中的人格: 个人信息保护法总论[M]. 北京: 北京大学出版社, 2009: 79.

[37] 任超. 网上支付金融消费者权益保护制度的完善[J]. 法学, 2015(5): 82-91.

[38] DREXL J, HILTY R M, et al. Data Ownership and Access to Data. Position

Statement of the Max Planck Institute for Innovation and Competition[R/OL]. (2016 – 08 – 16)[2020 – 01 – 24]. https://ssrn.com/abstract=2833165.

[39] 阿里巴巴. 数据保护倡议书[EB/OL]. (2015 – 07 – 22)[2018 – 05 – 20]. http://www.cbdio.com/BigData/2015-08/0/content_3667689.htm.

[40] 王融. 关于大数据交易核心法律问题：数据所有权的探讨[J]. 大数据, 2015, 1(2): 49 – 55.

[41] TUCKER D S. The Proper Role of Privacy in Merger Review[J/OL]. Antitrust Chronicle, (2015 – 05)[2018 – 05 – 20]. https://ssrn.com/abstract=2614046.

[42] OHLHAUSEN M K, OKULIAR A. Competition, Consumer Protection, and the Right (Approach) to Privacy[J]. Social Science Electronic Publishing, 2015, 80(1): 121 – 156.

[43] COOPER J C. Privacy and Antitrust: Underpants Gnomes, the First Amendment and Subjectivity[J]. George Mason Law Review, 2013, 20(4): 1129 – 1146.

[44] TUCKER D S, WELLFORD H B. Big Mistakes Regarding Big Data[EB/OL]. (2014 – 12 – 01)[2019 – 01 – 23]. https://ssrn.com/abstract=2549044.

[45] EVANS D S. Antitrust Economics of Free[J]. SSRN Electronic Journal, 2011: 7(1): 1 – 29.

[46] LEARY T B. The Significance of Variety in Antitrust Analysis[J]. Antitrust Law Journal, 2001, 68(3): 1007 – 1022.

[47] SWIRE P. Protecting Consumers, Privacy Matters in Antitrust Analysis[EB/OL]. (2007 – 10 – 19)[2019 – 11 – 23]. https://www.americanprogress.org/issues/economy/news/2007/10/19/3564/protecting-consumers-privacy-matters-in-antitrust-analysis/.

[48] Bundeskartellamt, Autorite de la Concurrence. Competition Law and Data[R/OL]. (2016 – 05 – 10)[2019 – 05 – 09]. http://www.autoritedelaconcurrence.fr/doc/reportcompetitionlawanddatafinal.pdf.

[49] German Monopolies Commission (Monopolkommission). Special Report No. 68: Competition Policy: The Challenge of Digital Markets[R/OL]. (2015)[2018 – 08 – 18]. http://www.monopolkommission.de/images/PDF/SG/s68_fulltext_eng.pdf.

[50] DE PEYER B H. EU Merger Control and Big Data[J]. Journal of Competition Law & Economics, 2017, 13(4): 767 – 790.

[51] MILLER C A. Big Data and the Non-Horizontal Merger Guidelines[J]. California Law Review, 2019, 107(1): 309 – 344.

[52] 邹开亮, 刘佳明. 大数据企业合并的反垄断审查初探[J]. 石家庄学院学报,

2018,20(2):116-119.
[53] ABRAHAMSON Z. Essential Data[J]. Yale Law Journal, 2014, 124(3):867-881.
[54] COLANGELO G, MAGGIOLINO M. Big Data as A Misleading Facility[J]. SSRN Electronic Journal, 2017:13(2-3):249-281.
[55] 孙晋,钟原. 大数据时代下数据构成必要设施的反垄断法分析[J]. 电子知识产权,2018(5):38-49.
[56] LUGARD P, ROACH L. The Era of Big Data and EU/US Divergence for Refusals to Deal[J]. Antitrust, 2017, 31(2):58-64. 转引自 ZECH H. Building a European Data Economy[J]. Lic International Review of Intellectual Property & Competition Law, 2017. DOI:10.1007/s40319-017-0604-2.
[57] European Commission. A European Strategy for Data. COM(2020)66 Final. Brussels,(2020-02-19)[2020-03-25]. https://ec.europa.eu/info/sites/info/files/communication-european-strategy-data-19feb2020_en.pdf.
[58] TANTLEFF A. Considerations on Big Data Licensing[J]. Managing Intellectual Property, 2015(246):14-17.
[59] hiQ Labs Inc. v. Linkedin Corporation, 273 F. Supp. 3d 1099 (2017).
[60] European Commission. Antitrust: Commission Fines Google 2.42 Billion for Abusing Dominance as Search Engine by Giving Illegal Advantage to Own Comparison Shopping Service[EB/OL]. (2017-06-27),[2018-04-20]. http://europa.eu/rapid/press-release_IP-17-1784_en.htm.
[61] Executive Office of the President. President's Council of Advisors on Science and Technology, Big Data and Privacy: A Technological Perspective[EB/OL]. (2014-05)[2020-5-20]. https://obamawhitehouse.archives.gov/sites/default/files/microsites/ostp/PCAST/pcast_big_data_and_privacy_-_may_2014.pdf.
[62] WARD J S, BARKER A. Undefined by Data: A Survey of Big Data Definitions[EB/OL]. (2013-09-20)[2020-5-20]. http://arxiv.org/abs/1309.5821.
[63] STUCKE M E, GRUNES A P. Big Data and Competition Policy[M]. Array Oxford, United Kingdom: Oxford University Press, 2016:15.
[64] OECD. Data-driven Innovation for Growth and Well-Being[R/OL]. Interim Synthesis Report,(2014)[2018-02-05]. http://www.oecd.org/sti/inno/data-driven-innovation-interim-synthesis.pdf.
[65] BOUTIN X, CLEMENS G. Defining Big Data in Antitrust[J]. Competition Policy International: Antitrust Chronicle , 2017, 1(2):22-28.
[66] LERNER A P. The Concept of Monopoly and the Measurement of Monopoly Power[J]. Journal of Reprints for Antitrust Law and Economics, 1997, 27

(2):471-492.
[67] 基斯.N·希尔顿.反垄断法——经济学原理和普通法演进[M].赵玲,译.北京:北京大学出版社,2009:1.
[68] AREEDA P, HOVENKAMP H. Antitrust Law: An Analysis of Antitrust Principles and Their Application [M]. Fifth edition. New York: Aspen Publishers, 2006:7.
[69] AREEDA P E, KAPLOW L, EDLIN A. Antitrust Analysis Problems, Text, and Cases[M]. New York: Wolters Kluwer Law & Business, 2013:527.
[70] CHIOU L, TUCKER C. Search Engines and Data Retention: Implications for Privacy and Antitrust[J/OL]. (2014-05-27)[2019-12-24]. http://ssrn.com/abstract=2441333.
[71] European Commission. CASE AT.39740 Google Search (Shopping) decision given on June 27, 2017[EB/OL]. (2017-06-27)[2018-09-10]. http://ec.europa.eu/competition/antitrust/cases/dec_docs/39740/39740_14996_3.pdf.
[72] 保尔.萨缪尔森.经济学[M].于健,译.北京:人民邮电出版社,2016:176.
[73] 周林彬,马恩斯.大数据确权的法律经济学分析[J].东北师大学报(哲学社会科学版),2018(2):30-37.
[74] 崔国斌.大数据有限排他权的基础理论[J].法学研究,2019,41(5):3-24.
[75] HOVENKAMP H. Antitrust Policy After Chicago [J]. Michigan Law Review, 1985, 84(2):213.
[76] LANDES W M, POSNER R A. Market Power in Antitrust Cases [J]. Harvard Law Review, 1981, 94(5):937.
[77] KRATTENMAKER T G, LANDE R H, SALOP S C. Monopoly Power and Market Power in Antitrust Law[J]. Journal of Reprints for Antitrust Law and Economics, 1997, 27 (2):585-616.
[78] National Collegiate Athletic Ass'n v. Board of Regents, 468 U.S. 85.
[79] 王先林.竞争法学[M].2版.北京:中国人民大学出版社,2015:213.
[80] 韩伟.数字经济时代中国《反垄断法》的修订与完善[J].竞争政策研究,2018(4):51-62.
[81] Competition and Market Authority of UK. Ex-post Assessment of Merger Control Decisions in Digital Markets[R/OL]. (2019-05-09)[2019-05-17]. https://assets.publishing.service.gov.uk/government/uploads/system/uploads/attachment_data/file/803576/CMA_past_digital_mergers_GOV.UK_version.pdf.
[82] OLSON P. Facebook Closes $19 Billion WhatsApp Deal[EB/OL]. (2014-10-06)[2019-05-17]. https://www.forbes.com/sites/parmyolson/2014/10/06/Facebook-closes-19-billion-whatsapp-deal/#503c5fda5c66.

[83] WAGNER K. Here's Why Facebook's $1 Billion Instagram Acquisition was such a Great Deal[EB/OL]. (2017-04-09)[2019-05-11]. https://www.vox.com/2017/4/9/15235940/Facebook-instagram-acquisition-anniversary.

[84] GREENBERG A. Google Takes DoubleClick[EB/OL]. (2007-04-13)[2019-05-11]. https://www.forbes.com/2007/04/13/Google-DoubleClick-microsoft-tech-cx_ag_0413DoubleClick.html#5b259e551a82.

[85] HYLTON K N. Antitrust Law: Economic Theory and Common Law Evolution[M]. Cambridge, UK: Cambridge University Press, 2003: 333-334.

[86] Japan Fair Trade Commission. Report of Study Group on Data and Competition Policy[R/OL]. (2017-06-06)[2019-06-12]. https://www.jftc.go.jp/en/pressreleases/yearly-2017/June/170606_files/170606-4.pdf.

[87] BRYNJOLFSSON E, MCAFEE A. The Business of Artificial Intelligence[J/OL]. Harvard Business Review: the Big Idea, (2017-07-18)[2019-12-12]. https://hbr.org/cover-story/2017/07/the-business-of-artificialintelligence.

[88] Mckinsey Global Institute. The Age of Analytics: Competition in a Data-driven World[R/OL]. (2016-12)[2018-11-15]. https://www.mckinsey.com/~/media/McKinsey/Business%20Functions/McKinsey%20Analytics/Our%20Insights/The%20age%20of%20analytics%20Competing%20in%20a%20data%20driven%20world/MGI-The-Age-of-Analytics-Full-report.ashx.

[89] U. S. Department of Justice Antitrust Division. Antitrust Division Policy Guide to Merger Remedies[EB/OL]. (2011-06)[2019-12-12]. https://www.justice.gov/atr/page/file/1175136/download.

[90] 韩伟. 企业合并反垄断审查中的行为救济[J]. 东方法学, 2013(05): 125-133, 转引自[美]马西莫. 莫塔. 竞争政策——理论与实践[M]. 沈国华, 译. 上海: 上海财经大学出版社, 2006: 224.

[91] 袁日新. 经营者集中救济类型位阶性的理论反思[J]. 法律科学(西北政法大学学报), 2016, 34(2): 59-69.

[92] 王晓晔. 中华人民共和国反垄断法详解[M]. 北京: 知识产权出版社, 2008: 254-255.

[93] Nielsen Holdings, No. C-4439 (FTC complaint issued Sept. 30, 2013).

[94] Jackson E. How Much Would Facebook be Worth Today if it hadn't Bought Instagram? [EB/OL]. (2017-04-30)[2019-05-12]. https://www.forbes.com/sites/ericjackson/2017/04/30/howmuch-would-Facebook-be-worth-today-if-it-hadnt-bought-instagram/2/#7eede11eIdec.

[95] Worldwide Mobile Internet Advertising Revenue of Instagran from 2015 to 2018 (in Billion U.S. Dollars)[EB/OL]. (2018-11)[2019-11-01]. https://

www. statista. com/statistics/448157/instagram-worldwide-mobile-internet-advertising-revenue.
［96］WU T. Blind Spot：The Attention Economy and the Law［J/OL］.（2017）［2019－11－02］. Antitrust Law Journal. https：//scholarship. law. columbia. edu/faculty_scholarship/2029.
［97］ROSENCRANCE L. Amazon Charging Different Prices on ome DVDs［EB/OL］.（2009－09－05）［2019－10－03］. https：//www. computerworld. com/article/2597093/amazon-charging-different-prices-on-some-dvds. html.
［98］DOBKIN A. Information Fiduciaries in Practice：Data Privacy and User Expectations［J］. Berkeley Technology Law Journal，2018，33(1)：1－50.
［99］European Commission. Access to Digital Car Data and Competition in Aftersales Services［R/OL］. JRC Digital Economy Working Paper.（2018－06）［2019－01－25］. https：//ec. europa. eu/jrc/en/publication/eur-scientific-and-technical-research-reports/access-digital-car-data-and-competition-aftersales-services.
［100］SCOTT M. Facebook's Refusal to Share Data Undermines Global Response to Fake News［EB/OL］.（2018－03－11）［2020－01－20］. https：//www. politico. eu/article/fake-news-misinformation-disinformation-russia-united-states-italy-france-germany-uk-brexit-facebook-data-share/.
［101］GRUNES A P，STUCKE M E. No Mistake About It：The Important Role of Antitrust in the Era of Big Data［R/OL］. University of Tennessee Legal Studies Research Paper No. 269（2015）［2020－01－24］. 转引自：European Data Protection Supervisor. Privacy and Competitiveness in the Age of Big Data：The Interplay Between Data Protection［J/OL］Competition Law and Consumer Protection in the Digital Economy（Preliminary Opinion Mar. 2014），https：//secure. edps. europa. eu/EDPSWEB/webdav/shared/Documents/Consultation/Opinions/2014/14－03－26_competitition_law_ big_data_EN. pdf.
［102］WEN W，ZHU F. Threat of Platform-Owner Entry and Complementor Responses：Evidence from the Mobile App Market［J］. Strategic Management Journal，2019，40(9)：1336－1367. 转引自 TIROLE J. The Analysis of Tying Cases：A Primer［J］. Competition policy International 1，2004(1)：1－25.
［103］BAKOS Y，BRYNJOLFSSON E. Bundling and Competition on the Internet［J］. Marketing Science，2000，19(1)：63－82.
［104］ALLEN B T. Vertical Integration and Market Foreclosure：The Case of Cement and Concrete［J］. The Journal of Law and Economics，1971，14(1)：251－274.

[105] ZHU F, LIU Q H. Competing with Complementors: An Empirical Look at Amazon.com[J]. Strategic Management Journal, 2018, 39(10): 2618 – 2642.

[106] SALINAS S. Amazon Hit by EU Antitrust Probe[EB/OL]. (2018 – 09 – 19) [2020 – 02 – 05]. https://www.cnbc.com/2018/09/19/eu-probing-amazons-use-of-data-on-third-party-merchants.html.

[107] COMANOR W S. Vertical Mergers, Market Powers, and the Antitrust Laws[J]. The American Economic Review, 1967, 57(2): 254 – 265.

[108] OECD. Diretorate for Financial and Enterprise Affairs Competition Committee. Refusals to Deal[R/OL]. DAF/COMP(2007)46, (2009 – 07 – 17)[2020 – 02 – 23]. http://www.oecd.org/daf/43644518.pdf.

[109] COLLIN T J. Refusals to Deal by Monopolist Recent Decision[J]. Akron Law Review, 1981, 14(4): 549 – 590.

[110] OECD. Price Discrimination-Background Note by the Secretariat[R/OL]. DAF/COMP(2016)15[2020 – 02 – 12]. https://one.oecd.org/document/DAF/COMP(2016)15/en/pdf.

[111] BOURREAU M, DE STREE A, GRAEF I. Big Data and Competition Policy: Market Power, Personalised Pricing and Advertising [R/OL]: CERRE Project Report, CERRE (2017 – 2 – 16)[2020 – 02 – 12]. https://www.researchgate.net/publication/314261931.

[112] GRAEF I. Algorithms and Fairness: What Role for Competition Law in Targeting Price Discrimination Towards End Consumers? [J]. SSRN Electronic Journal, 2017: 541 – 549.

[113] ARMSTRONG M, ZHOU J D. Conditioning Prices on Search Behaviour [EB/OL]. (2010 – 12)[2020 – 02 – 12]. https://www.researchgate.net/publication/41020279_Conditioning_Prices_on_Search_Behaviour/link/56cd797b08ae85c8233da469/download.

[114] SCHMALENSEE R. Output and Welfare Implications ff Monopolistic Third-Degree Price Discrimination[J]. The American Economic Review, 1981, 71(1): 242 – 247. 又见 VARIAN H R. Price Discrimination and Social Welfare [J]. The American Economic Review, 1985, 75(4): 870 – 875.

[115] KLEIN B, WILEY JR J S. Competitive Price Discrimination as an Antitrust Justification for Intellectual Property[J]. Antitrust Law Journal, 2003, 70(3): 599 – 642.

[116] YOSHIDA Y. Third-Degree Price Discrimination in Input Markets: Output and Welfare[J]. American Economic Review, 2000, 90(1): 240 – 246.

[117] KATZ M L. The Welfare Effects of Third-Degree Price Discrimination in Intermediate Good Markets[J]. The American Economic Review, 1987, 77

(1): 154-167.
[118] DEGRABA P. Input Market Price Discrimination and the Choice of Technology[J]. The American Economic Review, 1990, 80(5): 1246-1253.
[119] MAGGIOLINO M. Personalized Prices in European Competition Law[R/OL]. Bocconi Legal Studies Research Paper, (2017-06-12)[2019-12-30]. https://perma.cc/CPB8-V6UA.
[120] LAMADRID DE PABLO A. Competition Law as Fairness[J]. Journal of European Competition Law & Practice, 2017, 8(3): 147-148.
[121] 朱岩. 强制缔约制度研究[J]. 清华法学, 2011, 5(1): 62-81.
[122] 应品广. 竞争政策视角下行政性垄断规制新模式：从"事后救济"到"事前控制"[J]. 江西财经大学学报, 2016(4): 119-126.
[123] HOFFMANN J, JOHANNSEN G. EU-Merger Control & Big Data on Data-Specific Theories of Harm and Remedies[R/OL]. (2019-05-31)[2020-02-13]. https://ssrn.com/abstract=3364792.
[124] E. 博登海默. 法理学——法律哲学与法律方法[M]. 邓正来, 译. 北京：中国政法大学出版社, 2004: 340.
[125] 方小敏. 经营者集中申报标准研究[J]. 法商研究, 2008, 25(3): 79-86.
[126] 腾讯研究院, 中国人民大学. 国家数字竞争力研究报告[R/OL]. (2019-06-04)[2019-06-25]. http://finance.youth.cn/finance_cyxfgsxw/201906/t20190624_11990863.htm.
[127] 理查德. A. 波斯纳. 反托拉斯[M]. 2版. 孙秋宁, 译. 北京：中国政法大学出版社, 2003: 172.
[128] EU Commission. "Case COMP/M. 4731-Google/DoubleClick", Decision given on March11, 2008[EB/OL]. (2008-03-11)[2018-03-15]. https://eur-lex.europa.eu/legalcontent/EN/TXT/PDF/?uri=OJ:C:2008:184:FULL&from=EN.
[129] EU Commission. "Case No COMP/M. 7217-Facebook/ WhatsApp", Decision given on October3, 2014[EB/OL]. (2014-10-03)[2018-05-15]. http://ec.europa.eu/competition/mergers/cases/decisions/m7217_20141003_20310_3962132_EN.pdf.
[130] 金朝武. 论相关市场的界定原则和方法[J]. 中国法学, 2001(4): 186-190.
[131] EU Commission. "CASE M. 8228-Facebook /WhatsApp", Decision given on May 17, 2017[EB/OL]. (2017-05-17)[2017-05-25]. http://ec.europa.eu/competition/mergers/cases/decisions/m8228_493_3.pdf.
[132] Bundeskartellamt. Preliminary Assessment in Facebook Proceeding: Facebook's Collection and Use of Data from Third-party Sources is Abusive[EB/OL]. (2017-12-19)[2018-05-02]. https://www.bundeskartellamt.

de/SharedDocs/Meldung/EN/Pressemitteilungen/2017/19_12_2017_Facebook.html.

[133] FILISTRUCCHI L, GERADIN D, VAN DAMME E, et al. Market Definition in Two-Sided Markets: Theory and Practice[J]. Journal of Competition Law & Economics, 2014, 10(2): 293-339.

[134] European Commission. "CASE AT. 39740 Google Search (Shopping)", Decision given on June 27, 2017[EB/OL]. (2017-06-27)[2018-09-10]. http://ec. europa. eu/competition/antitrust/cases/dec_docs/39740/39740_14996_3. pdf.

[135] GRAEF I. Market Definition and Market Power in Data: The Case of Online Platforms[J]. World Competition, 2015, 38(4): 473-505.

[136] BUTTS C. The Microsoft Case 10 Years Later: Antitrust and New Leading New Economy Firms[J]. Northwestern Journal of Technology and Intellectual Property, 2010, 8(2): 275-291.

[137] RAINEY T. Is Breaking Up Amazon, Facebook, and Google a Good Idea? [EB/OL]. (2019-10-07)[2019-12-11]. http://www. bu. edu/articles/2019/break-up-big-tech/.

[138] European Data Protection Supervisor. Privacy and Competitiveness in the Age of Big Data: The Interplay between Data Protection, Competition Law and Consumer Protection in the Digital Economy[EB/OL]. (2014-03)[2018-10-20]. http://europa. eu/rapid/press-release_EDPS-14-6_en. htm.

[139] CALABRESI G, MELAMED A D. Property Rules, Liability Rules, and Inalienability: One View of the Cathedral[J]. Harvard Law Review, 1972, 85(6): 1089.

[140] URSIC H, CUSTERS B. Legal Barriers and Enablers to Big Data Reuse[J]. European Data Protection Law Review, 2016, 2(2): 209-221.

[141] AHMED S. Data Portability: Key to Cloud Portability and Interoperability [EB/OL]. (2010-11-11)[2018-11-02]. https://ssrn. com/abstract=1712565.

[142] ZANFIR G. The Right to Data Portability in the Context of the EU Data Protection Reform[J]. International Data Privacy Law, 2012, 2(3): 149-162.

[143] URSIC H. Unfolding the New-Born Right to Data Portability: Four Gateways to Data Subject Control[J]. SCRIPT-ed, 2018, 15(1): 42-69.

[144] JANAL R. Data Portability — A Tale of Two Concepts[J]. Journal of Intellectual Property, Information Technology and Electronic Commerce Law, 2017, 8(1): 59-69.

[145] KERBER W, SCHWEITZER H. Interoperability in the Digital Economy[J].

[146] EU Commission. A Digital Agenda for Europe[R/OL], COM(2010) 245 final/2, Brussels: (2010)[2020-03-25]. https://eur-lex.europa.eu/LexUriServ/LexUriServ.do?uri=COM:2010:0245:FIN:EN.pdf.

[147] EU Commission. A Digital Single Market Strategy for Europe-Analysis and Evidence[R/OL]. SWD(2015)[2020-6-27]. 100 final, Brussels: 2015. https://eur-lex.europa.eu/legal-content/EN/TXT/?uri=CELEX%3A52015SC0100.

[148] GASSER U, PALFREY J. Breaking Down Digital Barriers When and How ICT Interoperability Drives Innovation[R/OL]. (2007-11)[2020-2-19]. Harvard University, the Berkman Center for Internet & Society Research Publication Series, 2007. http://cyber.law.harvard.edu/interop.

[149] GASSER U, PALFREY J. Fostering Innovation and Trade in the Global Information Society: The Different Facets and Roles of Interoperability[R/OL]. (2011-06-01)[2020-03-25]. Cambridge: Cambridge University Press, 2011. https://ssrn.com/abstract=2192647.

[150] LUGARD P, ROACH L. The Era of Big Data and EU/U.S. Divergence for Refusals to Deal Deal[J]. Antitrust, 2017, 31(2): 58-64.

[151] United States v. Terminal Railroad Association of St. Louis, 224 U.S. 383 (1912).

[152] TROY D E. Unclogging the Bottleneck: A New Essential Facility Doctrine [J]. Columbia Law Review, 1983, 83(2): 441. 转引自 NEALE A D, FORTAS A. The Antitrust Laws of the United States A Study of Competition Enforced by Law[M]. 2nd ed. Cambridge, MA: Cambridge University Press, 1970: 66-70, 127-133.

[153] MCI Communications Corp. v. American Tel. and Tel. Co., 708 F.2d 1081 (7th Cir. 1983).

[154] Verizon Communications Inc. v. Law Offices of Curtis v. Trinko, LLP, 540 U.S. 398(2004).

[155] LAO M. Search, Essential Facilities, and the Antitrust Duty to Deal[J]. Northwestern Journal of Technology and Intellectual Property, 2013, 11(5): 276-320. 转引自 AFEEDA P E, HOVENKAMP H. Fundamentals of Antitrust Law[M]. 4th ed. Valencia, CA: Aspen Publishers, 2013.

[156] 王永强. 网络商业环境中竞争关系的司法界定：基于网络不正当竞争案件的考察[J]. 法学, 2013(11): 140-147.

[157] 李剑. 反垄断法中的杠杆作用：以美国法理论和实务为中心的分析[J]. 环球法律评论, 2007, 29(1): 71-77.

[158] RUBINFELD D L. Antitrust Enforcement in Dynamic Network Industries

[J]. The Antitrust Bulletin, 1998, 43(3-4): 859-882.

[159] Competition & Market Authority. Commercial Use of Consumer Data[EB/OL]. (2015-06)[2019-12-01]. https://assets.publishing.service.gov.uk/government/uploads/system/uploads/attachment_data/file/435817/The_commercial_use_of_consumer_data.pdf.

[160] 李剑. 反垄断法中核心设施的界定标准: 相关市场的视角[J]. 现代法学, 2009, 31(3): 69-81.

[161] Alaska Airlines, Inc. v. United Airlines, Inc., 948 F. 2d 536 (9th Cir. 1991).

[162] MEADOWS M. The Essential Facilities Doctrine in Information Economies: Illustrating Why the Antitrust Duty to Deal Is Still Necessary in the New Economy[J]. Fordham Intellectual Property, Media & Entertainment Law Journal, 2015, 25(3): 795-830. 转引自 SPULBER D F, YOO C S. Mandating Access to Telecom and the Internet: The Hidden Side of Trinko[J]. Columbia Law Review, 2007, 107(8): 1822-1907.

[163] Hecht v. Pro-Football, Inc., 570 F. 2d 982 (D. C. Cir. 1977). 又见 TROY D E. Unclogging the Bottleneck: A New Essential Facility Doctrine[J]. Columbia Law Review, 1983, 83(2): 441.

[164] Oscar Bronner GmbH v. Mediaprint Zeitungs — und Zeitschriftenverlag GmbH, Case C-7/97, (1998) E. C. R. I-7791. 又见 SZYSZCZAK E. Controlling Dominance in European Markets[J]. Fordham International Law Journal, 2010, 33(6), 1738-1775.

[165] High Level Conference on Building a Data Economy Summary of the Discussion[EB/OL]. Brussels, (2016)[2019-03-01]. https://ec.europa.eu/digital-single-market/en/news/high-level-conference-building-european-data-economy.

[166] Joined Cases 6 & 7/73, Istituto Chemioterapico Italiano S. p. A & Commercial Solvents v. Commission, 1974 E. C. R. 223. 又见 LUGARD P, ROACH L. The Era of Big Data and EU/US Divergence for Refusals to Deal[J]. Antitrust, 2017, 31(2): 58-64.

[167] Laurel Sand & Gravel, Inc. v. CSX Transportation, Inc 924 F. 2d 539. (4th Cir. 1991).

[168] WEBER R H. Improvement of Data Economy through Compulsory Licenses?[M]//LOHSSE S, SCHULZE R, STAUDENMAYER D. Trading Data in the Digital Economy: Legal Concepts and Tools. Baden-Baden: Nomos, 2017: 145.

[169] 曾彩霞,朱雪忠. 必要设施原则在大数据垄断规制中的适用[J]. 中国软科学, 2019(11): 55-63,73.

[170] GRUTZMACHER M. Data Interfaces and Data Formats as Obstacles to the Exchange and Portability of Data: Is There a Need for (Statutory) Compulsory Licenses? [M]//LOHSSE S, SCHULZE R, STAUDENMAYER D. Trading Data in the Digital Economy: Legal Concepts and Tools. Baden-Baden: Nomos, 2017: 219.

[171] OTERO B G. Evaluating the EC Private Data Sharing Principles: Setting a Mantra for Artificial Intelligence Nirvana [J]. Journal of Intellectual Property, Information Technology and Electronic Commerce Law, 2019, 10(1): 65-83.

[172] DREXL J. Designing Competitive Markets for Industrial Data — Between Propertisation and Access[J]. Journal of Intellectual Property, Information Technology and Electronic Commerce Law, 2017(8): 257-292.

[173] MEZZANOTTE F. Access to Data: the Role of Consent and the Licensing Scheme [M]//Sebastian Lohsse, Reiner Schulze, Dirk Staudenmayer. Trading Data in the Digital Economy: Legal Concepts and Tools. Baden-Baden: Nomos, 2017: 176.

[174] European Commission. Building a European Data Economy[EB/OL]. COM (2017)9 Final. Brussels, (2017-01-10)[2020-7-14]. https://eur-lex.europa.eu/legalcontent/EN/TXT/PDF/?uri=CELEX:52017DC0009&from=EN.

[175] EZRACHI A, MAGGIOLINO M. European Competition Law, Compulsory Licensing, and Innovation[J]. Journal of Competition Law and Economics, 2012, 8(3): 595-614. 又见 Case 238/87, AB Volvo v. Erik Veng (UK) Ltd, 1988 E.C.R. 621 Case 77/77, BP v. Comm'n, 1978 E.C.R. 1511.

[176] RAGAVAN S, MURPHY B, DAVE R. FRAND V. Compulosry Licensing: The Lessor of the Two Evils[J]. SSRN Electronic Journal, 2016: (14): 83-120.

[177] 王泽鉴. 债法原理[M]. 2版. 北京:北京大学出版社,2013:114.

[178] ROBINSON G O. On Refusing to Deal with Rivals[J]. Cornell Law Review, 2002, 87(5): 1177-1232.

[179] 张广良. 标准必要专利FRAND规则在我国的适用研究[J]. 中国人民大学学报,2019,33(1):114-121.

[180] 刘影. 论FRAND条款的法律性质:以实现FRAND条款的目的为导向[J]. 电子知识产权,2017(6):13-21.

[181] GWARTNEY T L. Harmonizing the Exclusionary Rights of Patents with Compulsory Licensing[J]. William and Mary Law Review, 2019, 50(4): 1395-1438.

[182] KERBER W. Rights on Data: The EU Communication "Building a European

Data Economy" from a Economic Perspective[M]//LOHSSE S, SCHULZE R, STAUDENMAYER D. Trading Data in the Digital Economy: Legal Concepts and Tools. Baden-Baden: Nomos, 2017: 123.

[183] CAI L, ZHU Y Y. The Challenges of Data Quality and Data Quality Assessment in the Big Data Era[J]. Data Science Journal, 2015, 14(2): 1-10.

[184] WEBER R H. Improvement of Data Economy through Compulsory Licenses? [M]//LOHSSE S, SCHULZE R, STAUDENMAYER D. Trading Data in the Digital Economy: Legal Concepts and Tools. Baden-Baden: Nomos, 2017: 156. 转引自 WEBER R H. Competition Law Versus FRAND-Terms in IT-Markets[J]. World Competition Law and Economics Review, 2011(51): 68-69.

后 记

本书内容源自笔者博士期间的研究成果,自 2020 年初稿完成至今,我国在数据治理方面的学术研究和立法都进展很快。基于此,书稿的论证和结论也有所修改,现终于得以成稿出版。在此谨向所有给予我教诲、关心和支持的老师、同学、科研合作者表达最诚挚的谢意!

首先,以最真挚的敬意感谢我的恩师朱雪忠教授。作为我的博士导师,朱雪忠教授是我科学研究道路上的引路人。他的学识、个人修养对我的治学态度、科研产出以及工作能力提升都产生了非常重要的积极影响。朱老师严谨的治学态度和对学生的责任感,是敦促我不断以更高的标准要求自己,并从中取得进步的动力。因为朱老师的谆谆教诲,我才能顺利完成博士论文,并最终完成本书。

其次,要特别感谢副导师于馨淼教授。于老师在反垄断法方面的学术造诣以及对我的指导,让我受益匪浅。于老师在我的学习生涯中给予我极大的关心和帮助,为我的学习创造了良好的国际学术环境。感谢德国马克斯-普朗克创新与竞争研究所的 Hanns Ullrich 教授。Ullrich 教授在知识产权法和竞争法领域的学术成就及严谨的治学态度,让我受教颇多。同时也要感谢同济大学尤建新教授。在科研项目合作中,尤教授从数据管理的视角开拓了我的研究视野,启发了新的思考。

最后，衷心感谢所有帮助过我的老师、同学以及同门师兄弟和姐妹。他们在日常学术交流中对研究内容提出的问题和意见，给了我很大的启发和灵感。

曾彩霞

2023 年 12 月